Rise up

Weil dein Leben kostbar ist

Inspirierende Pralinen für Großhirn und Herz

Veit Lindau

1. Auflage
September 2018

Layout & Satz: bureau bodes, Miriam Bock
Fotografie: Andrea Lindau

ISBN: 978-3-943478-28-0
Life Trust Verlag

Klimaneutral
Druckprodukt
ClimatePartner.com/11244-1809-1001

Liebe Leser*innen

Ich erinnere mich noch genau an den magischen Moment, als ich im Winter 2011 in einem Hotel in den verschneiten, österreichischen Alpen saß, auf die majestätischen Berge vor dem Fenster blickte und die ersten zwei Sätze meines ersten richtigen Buches „SeelenGevögelt“ auf ein weißes Blatt Papier schrieb.

„Du stirbst. Beginne zu leben.“

Ich hatte keine Ahnung, wie man ein Buch schreibt, wie man es in den Buchhandel bringt oder verkauft. Das war mir alles egal. Doch ich wusste, dass diese zwei Sätze geschrieben werden müssen. Ich wusste, dass sie eine persönliche Botschaft für ganz bestimmte Menschen sind, die sie genau zum richtigen Zeitpunkt lesen und verstehen werden.

Darin liegt für mich die Magie eines Buches. Es verwandelt. Den, der es schreibt und die, die es mit offenem Herzen lesen. Es knüpft Bande zwischen Menschen, die sich im normalen Alltag nie begegnen würden. Es baut Brücken durch die Zeit, denn – das mag seltsam klingen – mich überkommt beim Schreiben manchmal das Gefühl, dass der Moment in der Zukunft (Wenn jemand das Buch liest, so wie du jetzt zum Beispiel) beeinflusst, was ich schreibe. Klingt verrückt?
Ich möchte damit nur erklären, warum das Schreiben für mich nie nur ein Job, sondern immer eine Passion ist.

Worte haben Macht. Sie bestätigen Ahnungen. Sie wecken schlummerndes Potential. Sie dehnen unsere Realität. Sie führen uns in bisher verborgene Universen. Deshalb liebe ich Bücher. Sie zaubern.

Oder anders ausgedrückt: Sie sensibilisieren uns für den allgegenwärtigen Zauber des Lebens.

„SeelenGevögelt", mein ungestümes Erstlingswerk, hat auch mein Leben ordentlich aufgemischt. So intensiv war der Ruf, den ich in die Zeilen packte. So stark war das Echo. Ich habe durch die Leser*innen so viele Geschenke auf verschiedensten Ebenen zurückempfangen. Auch heute noch lese ich jeden Leserbrief persönlich – all diese zutiefst menschlichen und berührenden Berichte von Trost, von Mut, von Aufbruch und Erwachen. Ich bin sehr dankbar für die Möglichkeit, durch ein Buch das Leben eines anderen Menschen positiv berühren zu dürfen.

Aus einem sind mittlerweile fünfzehn Bücher geworden (und ja, ich schreibe jedes selbst. Im geduldigen Schweiß meiner tapferen Vierfingermethode. ;-) und insgesamt sind sie ca. 500.000 Mal verkauft und in sieben Sprachen übersetzt worden.

Seit einem halben Jahr reifte deshalb der Wunsch in mir, diesen Weg bis hierher zu feiern, in dem ich eine kleine Kollektion mit Auszügen und neuen Texten veröffentliche. Quasi ein „Best of" zum Kennenlernen, aber auch für meine treuen Leser*innen als kompakte Inspirationshäppchen für die Handtasche. Da der Dank tatsächlich an euch geht, haben wir uns entschieden, euch die E-Book-Version zu schenken und das Buch zum Anfassen zum Selbstkostenpreis weiterzugeben.

Da ich über sehr verschiedene Themen eines guten Lebens schreibe, enthält dieses Büchlein also einen wilden Mix - wie ein bunter Sommerwiesenstrauß. Sieh es bitte weniger als einen praktischen Ratgeber, mehr als einen sanften Verführer, mal wieder selbst aufmerksamer und offener über die spannenden Fragen deines Lebens nachzudenken. Falls du in eines der Themen gründlicher einsteigen möchtest, findest du im Anhang eine Liste der Bücher, aus denen die Ausschnitte stammen.

Ich wünsche dir viel Freude beim Lesen und den Geist dehnende Erkenntnisse.

Ich habe lange überlegt, mit welchem Satz ich dieses Buch beginnen möchte. Es bleibt beim selben, wie damals. Nicht aus Einfallslosigkeit. Nein. Er ist zeitlos und immer noch der wertvollste Tipp, den ich dir und mir heute, an diesem wundervollen Tag geben kann:

„Du stirbst. Beginne zu leben."

Inhaltsverzeichnis

Veit Lindau gilt im deutschsprachigem Raum als einer der führenden Experten für die integrale Selbstverwirklichung des Menschen und erreicht mit seinen wachrüttelnden Vorträgen, Seminaren und Videos ein großes, heterogenes Publikum.
Für sein Buchwerk wurde er mit dem Coaching Award ausgezeichnet. Er passt in keine Schublade, dass spiegelt sich auch in den verschiedenen Etiketten wieder, mit der ihn die Medien belegen: Visionär, Reformer, Businesspunk, Frauenflüsterer, moderner Mystiker.

Doch vor allem ist Veit eins - ein stinknormaler Mensch, der es als ein kostbares Wunder ansieht, am Leben zu sein, die richtigen Fragen finden und ihren Antworten folgen zu dürfen.

Ihn treibt in allem, was er tut, die Sehnsucht an, so tief wie möglich zu erforschen, wer wir sind und was wir füreinander sein können.

Egal, wer du bist und wie alt du bist - du bist niemals am Ende deiner Möglichkeiten. Dies, heute, ist immer der Anfang!

Mehr zu Veit
www.veitlindau.com

Hier geht es zur Community
www.humantrust.com

Nacktes Leben

Das Vergessen

Der Spielmeister und der Adept standen vor dem Gang des Vergessens. Dahinter, verborgen im Zwielicht, wartete die Pforte: der Eingang zum Spiel.

Der Spielmeister spürte die drängende, unschuldige Neugier der jungen Seele. Sie wusste nicht.

Der Alte lächelte still, milde. Nur wer genau hinsah, bemerkte in der dunklen Tiefe seiner Augen einen mitfühlenden Schmerz. Denn er wusste.

Alles musste so sein.

Leise sprach er zu seinem Schüler:

„Es ist deine Wahl. Du musst das Spiel nicht spielen."

„Ich weiß. Ich will es aber spielen. Was werde ich erleben? Werde ich eine Frau sein oder ein Mann? Wo wird das Spiel stattfinden? Wie lange wird es dauern? "

„Lass dich überraschen. Mach dir nun noch einmal die wichtigste Regel des Spieles bewusst: Sobald du den Gang des Vergessens durchschritten hast, wirst du nicht mehr wissen, dass es ein Spiel ist. Du wirst dich an unser Gespräch nicht mehr erinnern. Alles, was du träumst, wird dir vollkommen real erscheinen. Du wirst suchen, leiden und kämpfen, als gäbe es nichts außer deinem Traum."

Das junge Wesen antwortete schnell und altklug: „Ja, ja, ich weiß. Darin liegt ja gerade der Spaß. Kann ich jetzt los?"

Der Spielmeister nickte ruhig und liebevoll: „Ja, du kannst jederzeit gehen."

Mit federnden Schritten begab sich die junge Seele in den Gang des Vergessens. Nach einigen Metern aber drehte sie sich noch einmal um und kam zurück. Ihre Stimme klang jetzt etwas nachdenklicher: „Aber, was ist, wenn ich mich nie wieder erinnere?"

Der Spielmeister schmunzelte gutmütig und sagte: „Ich dachte schon, du würdest es nie fragen. Wir haben diese Gefahr natürlich bedacht. Wenn du dich zu tief in deinem Traum verirrst, schicken wir dir drei Weckrufe."

„Welche sind das?"

„Zuerst senden wir dir ein Problem."

„Was ist ein Problem?"

„Ein Problem ist ein Ereignis, das dein Spiel zum Stolpern bringt, weil du es nicht kontrollieren kannst."

„Aha. Und was ist der zweite Weckruf?“

„Wenn der Kontrollverlust noch nicht ausreicht, um dich zu wecken, schicken wir Schmerz. Dann wirst du intensiver an deinem Problem leiden.“

„Und was ist, wenn Probleme und Schmerz nicht ausreichen? Was, wenn ich immer noch weiter träume?“

„Für diesen Fall haben wir ein Buch in deinem Spiel deponiert. Es wird dir zum perfekten Zeitpunkt in die Hände fallen. Es heißt: NO Prblem.
Wahrscheinlich wirst du dich über den Titel wundern und es deshalb in die Hand nehmen. Vielleicht bekommst du es auch empfohlen. Wie auch immer, es wird dich zur rechten Zeit finden. Wenn du bereit bist, wirst du es lesen und dich erinnern.“

„Woran merke ich, dass ich bereit bin?“

„Wenn du nicht mehr Rechthaben musst.“

„Dann ist mein Erwachen also gewiss?“

„Ja, das ist es. Und jetzt geh!“

Auszug aus „No Prblem. Wie du dein Problem löst.“ Veit Lindau

Wo bist du?

Ich laufe durch die Straßen deiner Stadt.
Ich streife durch deine Träume.

Ich beobachte dich durch die Augen jedes deiner Mitmenschen. In jedem Buch, das du liest, hinterlasse ich dir verborgene Zeichen meiner Sehnsucht.

Die Schneeflocken im Winter, zart schmelzend auf deinen Wimpern – einer meiner Versuche, dich wach zu küssen. Mit dem ersten, warmen Frühlingswind streichle ich sanft über deine Haut. Mit jedem deiner Atemzüge liebkose ich dich von innen.

In jeder Sekunde deines Seins stehe ich rufend, drängend, bebend vor dem Haus deiner Seele. Ich klopfe auf tausend verschiedene Weisen an deine Tür. Laut wie der Schrei eines wütenden Kindes und still wie die Ewigkeit des Alls. Wild und fordernd zerre ich an dir, um dich im nächsten Augenblick behutsam zu umarmen.

Ich habe keine Wahl. Ich werde nichts unversucht lassen. Bis du mir öffnest – weit und bedingungslos. Bis du mir alles schenkst, was du hast und was du bist.

Wo bist du?
Ich brauche dich.
Dein Leben

Auszug aus „SeelenGevögelt. Manifest für das Leben“ Veit Lindau

Warten

Ich beobachte viele Menschen in einer Art Wartezustand.
Warten auf den „Richtigen", um sich zu verschenken.
Warten auf eine Vision, um genau zu wissen, was sie tun sollen.
Warten auf Liebe, auf Eingebung, auf Klarheit, auf Sicherheit...
Was für eine Verschwendung an kostbarer Möglichkeit.

Was, wenn dieser *eine, besondere* Moment nie kommt?
Was, wenn dieser Moment *jetzt, besonders* wird, wenn du dich voll auf ihn einlässt?

Das Leben nutzt die, die sich zur Verfügung stellen.
Es füllt die Gefäße, die sich öffnen.
Es liebt die, die lieben.
Die, die nicht warten,
holen sich blutige Knie,
begehen peinliche Fehler,
werden manchmal ausgelacht,
stehen hin und wieder einsam in Sturm,...

Doch sie leben.

Die Verschwörung

Hast du schon mal ein sogenanntes Verschwörungsbuch gelesen? Über Illuminati, böse Bankmnager oder Außerirdische, die die Weltherrschaft an sich reißen wollen?
So schräg bis paranoid solche Phantastereien klingen – sie sind nichts gegen das wirklich existierende Komplott, das wir aufdecken möchten.

In unserer Gesellschaft existiert nämlich tatsächlich eine gigantische Verschwörung – auch wenn sie ganz ohne grüne Männchen auskommt – und es ist allerhöchste Zeit, sie aufzudecken. Das wird nicht leicht sein, denn perfide, wie sie ist, hat sie sich ein freundlich-wohlwollendes Gesicht zugelegt.
Ohne es zu merken unterstützen, finanzieren und reproduzieren die meisten Menschen diese Verschwörung noch. In ihrer netten Verpackung infiltriert sie unsere Kleinfamilien, Stammtische, Schulen und die Politik. Sie hat Einfluss auf alle Bereiche unseres Lebens: wie wir denken, wie wir kommunizieren, wie wir handeln und wie wir uns fühlen. Sie ist so omnipräsent, dass sie den meisten als normal erscheint und sogar noch verbittert verteidigt wird.

Ist ein Verhaltensmuster erst einmal als kollektive Norm akzeptiert, wird es nicht mehr hinterfragt. Es verwächst so sehr mit dem Hintergrund der Kultur, dass es nicht mehr auffällt.
Diese Verschwörung geht uns alle an. Wir müssen sie auffliegen lassen! Wir müssen friedvoll rebellieren! Ahnst du, worum es geht?

Wir prangern die Verschwörung des Mittelmaßes an.

Mittelmaß ist nicht zu verwechseln mit natürlicher Bescheidenheit oder dem gesunden Mittelweg. Mittelmaß ist die antrainierte Beschränkung des menschlichen Geistes, nur noch innerhalb der vorgegebenen Norm zu denken.
Mittelmaß ist das mächtigste, weil unsichtbare Gefängnis – errichtet aus tausendmal gedachten kleinkarierten, ängstlichen, begrenzenden Gedanken.
Seine Mauern sind errichtet aus geistiger Furcht und eingeschliffener Routine. Unsichtbar und doch so mächtig hindern sie dich daran, die ungezählten Möglichkeiten deines Daseins auszuloten. Seine Wächter – alte, zähe Überzeugungen darüber, wie die Dinge zu sein haben – gebieten dir, dich mit dem Bekannten zu begnügen. Selbst wenn das unruhige Herz deiner Weltenseele im Mief dieser falschen Begrenzungen fast erstickt.
Ein von Mittelmaß infizierter Geist versagt dir, kreativ, frei, frech, groß, ungewöhnlich, schräg zu denken, dich selbst zu überraschen.
Ein von Mittelmaß befallener Geist funktioniert wie der Pansen einer Kuh: Er schluckt die vorverdauten Gedanken der Gesellschaft, der Eltern, Lehrer oder Gurus, kaut sie wieder, stößt sie auf und gibt sie an die nächste Generation weiter.
Lass dich nicht von der Verpackung der Gedanken täuschen. Vielleicht haben die Großeltern sie katholisch eingetütet, die Eltern kapitalistisch und das Kind nun esoterisch oder kulturellkreativ. Die Aufmachung sieht anders aus – aber ist der Inhalt wirklich frisch?
Wenn dein Geist mittelmäßig tickt, überredet er dich, das Abenteuer zu vermeiden und stattdessen auf Nummer sicher zu gehen. Du täuschst nur vor, am Leben teilzunehmen. In Wirklichkeit verharrst du in einer beschränkten, warmgepupsten Komfort-Zone. Du dümpelst träge vor dich hin, denn es exis-

tiert keine geistige Frischluftzufuhr. Die Grenzen deiner mentalen Höhle stecken ab, wer du bist, was du kannst und was für dich erreichbar ist. Die zarten Lichtstrahlen einer unbekannten, aufregenden Welt, welche doch von draußen zu dir vordringen, übersiehst, bekämpfst oder belächelst du.

Anhänger des Mittelmaßes stellen keine eigenen, wohldurchdachten Werte auf und vermeiden es, sich präzise, erregende Ziele zu setzen und haben deshalb immer nur eine vage Ahnung von ihrer Gegenwart und Zukunft.

Mittelmaß-Verschwörer sind zwanghaft mit dem Leben anderer Menschen beschäftigt, denn ihr eigenes Leben ist öde und fad. Sie finanzieren die Klatschpresse. Sie sind süchtig danach, andere Menschen zu beurteilen. Logisch. Wenn du auf deiner eigenen Baustelle unglücklich bist, lenkst du dich lieber mit dem Leben anderer ab. Du projizierst deine ungelebten Anteile auf die da draußen, um nicht an ihnen zu ersticken.

Sie suchen nach jemandem, der ihnen sagt, wo es langgeht. Den können sie dann bewundern, und wenn es schiefgeht, verdammen.

Ihr Leben läuft in Wiederholungsschleifen. Jeder Ausbruch aus der Routine wäre ein unnötiges Risiko. Deshalb schließen sie auch nur schwer etwas ab und schieben Vorhaben gern vor sich her. Unvollendete Kreisläufe sind ein unbewusster Trick, um die eigene Weiterentwicklung zu verhindern.

Vom Mittelmaß Infizierte benutzen Beziehungen nicht, um zu erblühen, sondern um sich zu verstecken. Sie halten sich in Co-Abhängigkeit klein und spielen „der Blinde führt den Lahmen im Kreis herum“. Sie unterstützen die Süchte ihrer Mitmenschen – bewusst oder unbewusst – denn das sichert ihnen Kontrolle und allgemeinen Stillstand.

Sie haben chronische Angst vor Veränderungen. Sie schwimmen darum nicht in der Mitte des Flusses, sondern hangeln sich am Ufer entlang. Jede Krise ist eine Bedrohung der Box, die sich gebastelt und als „so ist die Welt" tituliert haben.
Sie benutzen Worte wie *Altersvorsorge, Nullwachstum, konjunkturbedingte Erholung,* um sich einzureden, dass sie in einer heilen, unerschütterlichen Welt leben. Sie sprechen von *Bescheidenheit* und *Vernunft,* um ihre Feigheit, wirklich zuzugreifen, zu verschleiern.
Sie haben Angst vor Fehlern, vor Sichtbarkeit, vor Ablehnung, vor Anstrengung und vor Enttäuschung.
Sie verzichten lieber auf Ekstase, wenn es ihnen hilft, intensiven Schmerz zu vermeiden.
Sie leiden unter niedrigem Selbstbewusstsein, denn sie wissen nicht, wer sie sind. Im Sturm einer wirklichen Herausforderung sind sie nie gesegelt. So konnten sie sich selbst nie beweisen, dass sie Eier in der Hose haben (Das ist übrigens keine typische Macho-Bemerkung. Frauen haben über weite Strecken ihres Lebens wesentlich mehr Eier in der Hose als Männer).
Sie fürchten Chaos und hassen Paradoxa. Chaos lässt sie spüren, dass sie nie wirklich die Kontrolle hatten. Jedes Paradoxon des Lebens erinnert sie daran, dass ihr Kopf keinen Eintritt in das eigentliche Mysterium ihres Daseins hat. Wie sehr sie sich auch anstrengen, das Universum lässt sich nicht in kleine Portionen einteilen und einfrieren.
Obwohl sie sich selbst nie getraut haben, nach Exzellenz zu streben, urteilen sie über jene, die es wenigstens versuchen. Bunte Vögel, selbstbewusstes Auftreten, kühne Visionen, lautes Lachen, großkotzige Amerikaner, chaotische Italiener, Lust und Sex, wilde und mutige Handlungen ... – alles, was aus ihrer be-

ruhigenden Norm fällt, drückt ihre Knöpfe und bedroht ihren eingebildeten Frieden.
Ihr Neid zerfrisst sie, doch sie verstecken ihn hinter „kompetenten Urteilen“ und „guten Ratschlägen“. Insgeheim empfinden sie Schadenfreude, wenn jemand anderes zum Flug ansetzt und abstürzt.
Besonders verheerend wird es, wenn sich Mittelmaß mit religiösen oder esoterischen Dogmen verbindet. Denn nun wird Gott (Damit sagen wir nicht, dass das, worüber Religionen seit Tausenden von Jahren schreiben, nicht existiert. Wir glauben lediglich, dass die, die direkte Erfahrungen gemacht haben, nicht mehr so viel darüber reden, sondern einfach sind.) oder ein anderes „spirituelles Konzept“ missbraucht, um die eigene Angst vor dem Leben zu rechtfertigen.
Da Mittelmaß-Anhänger nie wirklich versucht haben, herauszufinden, wer sie sind, fürchten sie sich vor sich selbst und letztendlich vor allem, was unbekannt ist.
Der traurige Witz ihrer Existenz besteht darin, zu versuchen, sicher durch etwas durchzukommen, was niemals sicher war und nie sein wird. Da sie viel unvollendetes Leben in sich tragen, fürchten sie sich natürlich vor dem Tod. Denn spätestens dann werden sie ihre kleine, selbst zurechtgebastelte Insel der Sicherheit verlassen müssen.

Klingt das alles deprimierend für dich? Oder bist du bereits mächtig sauer auf uns?
Vielleicht fragst du dich, warum du es dir antust, das zu lesen. Doch sehr wahrscheinlich betrifft es auch dich.

Wer von uns kultiviert nicht irgendwo in seinem Leben noch eine Enklave des Kleingeistes?

Es liegt nicht in unserem Interesse, dich zu beleidigen oder zu verhöhnen. Wir legen nur den Finger in die Wunde, die dich manchmal nachts nicht schlafen lässt. Wir geben der Stimme Raum, die dir ins Ohr flüstert: „War das alles? Soll es das wirklich schon gewesen sein?"

Ja, es kann schmerzen, sich selbst, auch nur teilweise, in dieser Beschreibung wiederzuerkennen. Es kann zornig oder traurig machen. Es könnte dich in Versuchung führen, dich wieder einmal mehr mit anderen zu beschäftigen, als mit dir selbst. Mit denen, die es geschrieben haben oder mit deinen Mitmenschen, in denen du so viel mehr Mittelmaß siehst, als in dir.

Konzentriere dich auf dich. Verweile in deiner persönlichen Betroffenheit.

Das Leben hat dir *einen* Garten anvertraut und das ist dein Geist. Du bist der Gärtner. Hier in diesem Geist säst du den Samen, hütest die Pflanzen und erntest tagtäglich die Früchte.
Kleinkarierte Gedanken produzieren nun mal keine saftigen Kirschen, sondern lediglich harte, frustrierend fad schmeckende Bohnen.
Ideen wuchern wie Unkraut, wenn sie auf fruchtbaren Boden fallen. Durchschaue, wie eine einzelne, unscheinbare, beschränkende Überzeugung über dich oder das Leben, die du vor langer Zeit achtlos in deinem Garten ausgesetzt hast, mit der Zeit Wurzeln schlägt. Wie sie, bewässert durch Wiederholung, das Erdreich deines Alltags durchdringt, ihre Zweige in alle Bereiche deines Lebens ausstreckt und irgendwann überall ihre bitteren Früchte hinterlässt.

Wir haben den Zusammenhang zwischen unserem Denken und den Umständen unseres Lebens aus den Augen verloren. Wir haben vergessen, wer der Gärtner ist. Wir schauen auf eine Welt, die uns nicht gefällt und bekämpfen sie. Doch solange der, der die Welt erdachte, unbemerkt Tag für Tag Kleingeist sät, wird sich nichts ändern.

Es ist also gut, bis hin zur Übelkeit betroffen zu sein.
Klein und ängstlich zu denken, ist keine Lappalie – es ist der tragische Ursprung einer kleinen und ängstlichen Welt. Solange wir diesen Zusammenhang nicht erkennen, vergeuden wir unser schöpferisches Potenzial in einem kläglichen Experiment.
Viele Menschen sterben lange vor ihrem letzten Atemzug.
Wenn wir aufhören, himmelstürmend zu denken, wenn wir die geistigen Umlaufbahnen der Gegenwart als die Grenzen des Universums akzeptieren.
wenn wir nicht mehr bereit sind, die Mauern unserer eigenen Überzeugungen wieder und wieder ins Wanken zu bringen,
... zieht sich der Funke der Unendlichkeit aus unserem Leben zurück.

Um alte Gewohnheiten mitsamt ihren Wurzeln auszureißen, braucht es den Protest deines inneren Rebellen:

Nein! Ich bin nicht bereit, die vorgegebenen Grenzen zwischen „möglich" und „unmöglich" zu akzeptieren!

Nein! Ich bin nicht bereit, aus Angst vor Enttäuschung und Fehlern nicht mehr nach den Sternen zu greifen!

Nein! Ich bin nicht bereit, auf mein Recht zu verzichten, meinen Geist sich in die Unendlichkeit ausdehnen zu lassen!

Nein! Ich bin nicht bereit, das Schöne, das Wahre, das Gute und das Mögliche für Zynismus, Resignation und Behäbigkeit zu verraten!

Nein! Ich bin nicht bereit, meine Fähigkeit, eine bessere Gegenwart zu erträumen, einschlafen zu lassen.

Nein! Ich bin nicht bereit, auch nur auf eine meiner großartigen, verrückenden, frechen, albernen, entzückten, erregenden, lachenden, alle Grenzen sprengenden Ideen zu verzichten.

Ich war versklavt. Ich war mein eigener Gefängniswärter.

Ich selbst erschuf die Dunkelheit meiner Furcht.

Jetzt erwache ich und rebelliere.

Auszug aus „SeelenGevögelt. Manifest für das Leben" Veit Lindau

Der Preis

„Gib dich nicht mit Kleinheit zufrieden.

Alles in dieser Welt ist klein, denn es ist eine Welt,
gemacht im seltsamen Glauben,
dass Kleinheit dich zufrieden stellen kann.

Es steht dir frei,
alle möglichen Formen von Kleinheit zu erproben,
doch letztendlich wirst du akzeptieren,
dass du nur mit der Größe zufrieden sein wirst,
die dein Zuhause ist.

Es gibt eine tiefe Verantwortung, die du dir selbst schuldest
und die dir niemand abnehmen kann:
dich zu deiner wahren Größe zu bekennen.“ [1]

Deinem Ruf zu folgen, bedeutet auch, wieder und wieder die Komfortzone deines Lebens zu verlassen.
Diese Komfortzone besteht aus dem, was du kennst: deinen gewohnten Abläufen, deinen normalen Gesprächen, deinem vertrauten Gefühlsspektrum, deinem angehäuften Wissen über dich und die Welt. Hier, in dieser kleinen, sorgfältig gepflegten Realitätsblase fühlst du dich sicher.

Vielleicht wünschst du dir, dich mit dem einmal Erreichten, dem von dir endlich Verstandenen zufrieden geben zu können. Denkste!

Das Leben akzeptiert keine „Rente des Bewusstseins". Es kennt keinen Stillstand.

Leben wächst oder schrumpft. Das Konzept, sich auf dem Erreichten auszuruhen, ist ihm fremd. Im Englischen gibt es den Spruch: *use it or loose it.* (Nutze es oder verliere es.) Alles, was in der Natur über einen längeren Zeitraum hinweg nicht stimuliert, nicht gebraucht oder herausgefordert wird, wird weniger.

Im Klartext bedeutet das für uns Menschen: Wenn wir beginnen, es uns in unserer kleinen Realitätsblase gemütlich zu machen, verengt sie sich jeden Tag ein wenig. Wenn wir uns nicht freiwillig und regelmäßig bis an die Grenzen unseres Könnens und darüber hinaus dehnen, schrumpft unsere Komfortzone (das, was wir „unser Leben" nennen). Unsere geistige Flexibilität lässt nach. Unsere Gefühlsbandbreite wird schmaler. Unser Blick trübt sich, und unsere Handlungsoptionen reduzieren sich auf ein Minimum.
Es gilt mittlerweile als erwiesen, dass eine der besten Strategien, Alzheimer und Demenz vorzubeugen, darin besteht, dem Geist jeden Tag eine Aufgabe vorzusetzen, für die er noch keine Lösung hat.
Manche Menschen machen deshalb schwierige Kreuzworträtsel und knacken mathematische Knobelaufgaben. Doch es gibt eine wesentlich intelligentere Möglichkeit, den GEIST des Lebens in dir zu stimulieren:

Verwandle deinen Alltag in ein prickelndes Sudoku.

Wie du dies tust? Sei einfach nur wahrhaftig. Um den Rest kümmert sich das Leben. Du brauchst dir keine künstlichen Mutproben und Kicks einfallen lassen. Manche Menschen suchen ihren Thrill in Form von Bungeejumping, Saufen, Streiten oder was auch immer, und verlassen dabei in Wahrheit doch nie ihre Komfortzone. Geistiges und seelisches Neuland erschließen wir nicht dadurch, dass wir unserem Ego erlauben, sich in jede Richtung unreif auszuleben.
Ein wach und achtsam erfahrener Alltag ist das ultimative Abenteuer. Eine intelligente Aneinanderreihung natürlicher und spannender Reifungstests. Immer wieder schiebt dich das Universum an den Rand deines bekannten Tellers und fordert dich heraus, darüber hinaus zu schauen, zu fühlen und zu handeln. Manchmal steigen dabei Wünsche und Fragen in dir auf, die dich ängstigen. Stimmt's?

Der Preis, den wir im Abenteuer dieses Geburtsprozesses zahlen müssen, ist die regelmäßige Konfrontation mit unserer Angst. Viele Menschen gestatten sich leider nicht einmal, sich vorzustellen, wie sie neue Schritte gehen. Denn bereits die Idee, die gut eingesessene Mulde in ihrem Sofa zu verlassen, löst Furcht in ihnen aus.

Doch was genau macht dir daran Angst? Sehr wahrscheinlich spürst du instinktiv, dass allein das Darübernachdenken dich in unsichere Territorien führt.

Wenn du nicht mehr versuchst, das Leben eines anderen zu leben, sondern in deinem eigenen wach ankommst, machst du schnell eine verblüffende Erfahrung: Die Herausforderung ist immer maßgeschneidert. Was für den einen von uns eine völlige Selbstverständlichkeit ist, kommt für den nächsten dem Erlegen eines Drachens gleich.

Für einen Choleriker ist das Herausbrüllen seiner Wut keine Schwierigkeit. Darin fühlt er sich sicher und pudelwohl. Doch wenn der Tag kommt, an dem er bereit ist, seine Aggression nicht mehr herauszuschleudern, sondern den darunterliegenden Schmerz zu spüren, wird es sich für ihn wie Sterben anfühlen. Seine bis jetzt alles duldende Ehefrau hingegen lebt seit Jahren in der Komfortzone des Schmerzes und der Trauer. Ihr Schritt ins Freie bestehen vielleicht darin, endlich mit Wut und Entschlossenheit in der Stimme ihre Grenze zu artikulieren.
Also, vergiss die anderen und hör auf, dich zu vergleichen. Die einzige Frage, die für dich zählt, ist:

Welchen Schritt müsstest du als Nächstes tun, um in deine wahre Größe hineinzuwachsen?

Eine Frage, die mir meine Klienten an diesem Punkt häufig stellen, lautet: „Natürlich bin ich an Wachstum und Abenteuer interessiert. Doch hast du für mich ein Rezept gegen die Angst?" Dann antworte ich: „Ja, sogar zwei: Psychopharmaka und Selbstmord."

Bitte, bekämpfe deine Angst nicht! [2] Angst ist natürlich. Angst ist Teil des Spieles. Angst ist ein Aspekt deiner Lebendigkeit.
Der Begriff Angst hat indogermanische Wurzeln (*anghu*) und bedeutet dort soviel wie „beengend". Das passt. Denn jedes Mal, wenn du kurz davor bist, deine Komfortzone zu verlassen, fühlst du die Enge der alten Welt und das potentielle Risiko der neuen.

Es ist nicht sinnvoll, diese Warnsignale wegzudrücken. Deine Angst signalisiert dir: „Achtung, Achtung! Du bist kurz davor, die bekannte Welt zu verlassen. Wir können nicht dafür garantieren, dass der nächste Schritt noch sicher ist."
Deine Angst hat Recht! Wenn du Neuland betrittst, weißt du nicht, was dich erwartet. Du kannst ausgelacht, verletzt, verraten, verkauft, manipuliert, in die Irre geleitet, verlassen werden ...

Genau davor möchte deine Angst dich beschützen. Unterdrücke sie nicht. Achte sie. Begegne ihr intelligent.
Angst ist vor allem eine körperlich-emotionale Erfahrung von Enge, die durch bestimmte Befürchtungen ausgelöst wird. Die körperlichen Symptome sind zum Beispiel eine erhöhte Muskelanspannung, eine erhöhte Herzfrequenz, eine flachere und schnellere Atmung, Schwitzen, Zittern und Schwindelgefühl. Die Veränderungen in deinem Körper wollen dich auf eine Kampf- oder Flucht-Situation (fight or flight) vorbereiten. Wenn du sie nüchtern spürst (Mit „nüchtern" meine ich das achtsame Spüren der Symptome auf der körperlichen Ebene, ohne dich durch weitere sorgenvolle Gedanken weiter aufzuputschen) und nicht verkrampfst, sondern sanft weiteratmest, löst sich die Enge wieder auf.

Unser eigentliches Problem ist nicht die Erfahrung der Angst in unserem Körper. Die mag unangenehm sein, doch sie kommt und geht auch wieder. Wenn wir aber unserem Verstand erlauben, in Fantasien darüber abzugleiten, was alles passieren könnte, wird die Angst wieder und wieder stimuliert. Dadurch verwandelt sich ein natürliches, gesundes Signal in einen chronischen Zustand von Ängstlichkeit und Besorgnis. Dann starren

wir hypnotisiert auf den in unserer Phantasie gedrehten Horrorfilm und bleiben wie gelähmt auf unserem Hintern sitzen – bis wir das Leben irgendwann und irgendwie, halbwegs sicher, auf der Zuschauertribüne festgeschnallt, überstanden haben.
Überspiele deine Angst nicht, aber lass dich auch nicht von ihr lähmen!

Wandle sie in freudige Erregung um.
Ich weiß, dies ist einer jener Ratschläge, die viel zu einfach klingen, als dass sie funktionieren könnten. Darum glaube mir nicht einfach, sondern probiere es selbst aus.
Wenn du das nächste Mal mit zitternden Knien und flatterndem Herzen kurz vor einem gewagten, neuen Schritt stehst, versuche Folgendes:

1. *Unterdrücke die Angst nicht. Fühle sie im ganzen Körper.*
2. *Dann denke: „Oh Gott, was hier gleich alles passieren kann. Ich habe solch eine Angst!" Spüre die Phänomene, die dieser Gedanke in deinem Körper auslöst.*
3. *Nun sage zu dir (wenn es passt sogar laut): „Wow, ich spüre schon wieder diese gewisse, freudige Erregung in mir. Meine Beine zittern, mein Herz flattert. Das heißt, ich stehe kurz vor einem weiteren Abenteuer meines Lebens. Ich setze den nächsten Schritt mit wachem Respekt vor dem Unbekannten."*

Dies ist kein billiger Trick. Es ist eine schlaue Form, mit dir selbst zu kommunizieren. So erlaubst du deinem Verstand, die vorhandenen energetischen Phänomene konstruktiv zu interpretieren.
Das kannst du trainieren. Je häufiger du die Schwelle zum Unbekannten freudig erregt übertrittst, desto leichter wird es dir

fallen. Du wirst merken, dass du die neuen Herausforderungen tatsächlich immer mehr genießt, anstatt dir jedes Mal in die Hose zu machen. (Obwohl auch das eine sehr heilsame, befreiende Erfahrung sein kann …)

Übrigens, wenn du glaubst, es wäre sicherer, dich in deiner pupswarmen Komfortzone zu verstecken, irrst du dich. Leben ist und bleibt gefährlich. Irgendwann bricht das Unbekannte so oder so in dein kleines Nest ein. Dein Partner betrügt dich. Du wirst gefeuert. Herzinfarkt, Tsunami, Autounfall, Finanzkrise, Flüchtlingswelle – das Leben hat so seine Tricks, um auch dem Resistentestem den nächsten Wachstumsschub zu verpassen. Freiwillig aber lernt es sich freudvoller. Außerdem musst du dich in der nächsten Krise nicht frustriert fragen, warum du auf all die möglichen Abenteuer verzichtet hast, wenn am Ende doch eh nichts sicher ist.
Ha!

Das nächste Mal, wenn du Angst hast,
atme tief weiter und mach einen Witz über deine Angst.
Schau, was passiert.

Hast du dich schon einmal gefragt, was eine große, kräftige Kuh davon abhält, den dünnen Zaun um ihre Weide zu durchbrechen und zu fliehen?
Sie hat gelernt, dass es weh tut, wenn sie die Grenze ihres Terrains berührt. Daher bleibt sie auf der sicheren Weide stehen bis der Schlächter kommt. Dumm gelaufen oder besser gesagt, dumm gezögert.
Deine Angst ist im Grunde genommen nichts anderes als der kleine Stromschlag an der unsichtbaren Grenze deiner bekannten Weide.

Wenn du ein großartiges Leben führen möchtest, musst du aus deiner Komfortzone heraus – und zwar immer wieder und sehr bewusst.
Der Preis ist die Meisterung deiner Angst.
Durchschaue das Spiel. Dein Leben war nie sicher.
Wir alle werden sterben.
Die Frage ist nur, ob du bis dahin gelangweilt Gras wiederkäust, gebannt auf deinen Weidezaun schaust und darüber nachdenkst, wie die Welt da draußen wohl aussieht, oder ob du die Grenze wieder und wieder lustvoll überschreitest.
Hinter dem Zaun wartet das Abenteuer und eine Antwort auf die Frage: Wer bin ich wirklich?

Auszug aus „SeelenGevögelt. Manifest für das Leben", Veit Lindau

1 *In Anlehnung an: Ein Kurs in Wundern, Freiburg i. Br. 2010, Kapitel 15. III.*

2 *Hinweis: Dieser Abschnitt über Angst bezieht sich auf normalneurotische Menschen. Bei Verdacht auf eine echte Angststörung empfehle ich auf jeden Fall, therapeutische Hilfe in Anspruch zu nehmen. Dann gelten meine Ratschläge nicht!*

Vom Sinn

Vielleicht hat die Sinn- und Schaffenskrise, in der sich viele Menschen befinden, etwas damit zu tun, dass wir uns die falschen Fragen stellen.

Vielleicht geht es im Endeffekt nicht darum, was wir bekommen, sondern was wir geben.

Vielleicht geht es nicht darum, etwas zu sichern, sondern das zu verlieren, was uns begrenzt.

Vielleicht verwirren wir uns selbst, weil wir uns behandeln, als wenn uns etwas fehlt, doch tatsächlich bedrücken unser Herz all die Gaben, die wir nicht verschenken.

Wenn du dich das nächste Mal unvollständig fühlst, frage dich:
„Womit vergleichst du dich gerade?“

Wenn du dich das nächste Mal unfrei fühlst, frage dich:
„Wer hat dich denn versklavt?“

Sehnsucht

Lass dir von anderen Menschen nicht vorschreiben,
wo du entlangzugehen hast,
wie du dich zu bescheiden hast
oder was ein unrealistischer Traum ist.

Folge deiner Sehnsucht.
Sie ist heilig.

Folge ihr nicht blind,
sondern wach.

Nimm alle Lektionen auf deinem Pfad mit neugierigem Geist
und offenem Herzen an.

Lass dich gerben, vertiefen, verfeinern.
Lass das Unechte verbrennen.

Folge deiner Sehnsucht,
immer wieder hinaus ins offene Land.
Sei keiner von den denen, die schon sterben,
während sie noch leben.

Da ist noch mehr ...
Du kannst noch mehr ...
Du bist noch viel mehr ...

Vertrau dir.

Sterben vor dem Tod

Viele Menschen sterben lange vor ihrem letzten Atemzug.
Noch nicht physisch, aber geistig.

Wenn wir aufhören, himmelstürmend zu denken,
wenn wir die geistigen Umlaufbahnen der Gegenwart als das Nonplusultra unserer Möglichkeiten akzeptieren.
wenn wir nicht mehr bereit sind, die Mauern unserer eigenen Ideen ins Wanken zu bringen,
... erlischt der Funke der Unendlichkeit in uns.

Um alte Gewohnheiten mitsamt ihren Wurzeln auszureißen, braucht es den Protest deines inneren Rebellen:

„Nein! Ich bin nicht bereit, auch nur auf eine meiner großartigen, verrückenden, frechen, albernen, entzückten, erregenden, lachenden, alle Grenzen sprengenden Ideen zu verzichten.

Ich war versklavt.

Ich war mein eigener Gefängniswärter.

Ich selbst erschuf die Dunkelheit meiner Furcht.

Jetzt erwache ich und rebelliere."

Demut

Ich weiß nicht, wie es dir geht. Ich greife gern zu den Sternen und haben auch des Öfteren eine große Klappe. Tief in mir drin weiß ich dennoch, dass ich ein kleiner Fliegenschiss im Weltall bin. Und falls ich es mal vergesse, hat das Leben große Freude daran, mich daran zu erinnern.

Aber ich bin nicht bescheiden. Warum auch? Unsere Existenz – jetzt, in diesem Moment – ist eine so unwahrscheinliche und kostbare Chance. Ich will sie nutzen. Und du?

Bescheidenheit und Demut sind nicht dasselbe. Bescheidenheit ist eine antrainierte Begrenzung. Demut resultiert aus deinem natürlichen Instinkt für deine Winzigkeit.

Demut und Chuzpe [3] schließen sich nicht aus. Demut macht dich nicht klein. Sie erinnert die Welle lediglich immer wieder daran, dass sie nur eine von vielen ist, ihre Meinung interessant, aber nicht absolut wahr und dass sie eines Tages unweigerlich in das große Meer zurücksinken wird. Demut lässt uns weniger streiten, mehr staunen und diese, unsere Welle heute intensiv genießen und wild reiten.

3 *Chuzpe, von hebräisch [chuzpà] für „Frechheit, Anmaßung, Dreistigkeit, Unverschämtheit", ist eine Mischung aus zielgerichteter, intelligenter Unverschämtheit, charmanter Penetranz und unwiderstehlicher Dreistigkeit.*

Hingabe

Wir leben in einer Gesellschaft der unendlichen Möglichkeiten. Wir nennen es Freiheit und Reichtum, wenn wir uns zwischen fünfzig Urlaubszielen, zwanzig verschiedenen Varianten von Butter, zehn Projekten und fünf möglichen Liebespartnern entscheiden können. Wir legen großen Wert auf unser Einzelzimmer, um uns jederzeit zurückziehen zu können.

Doch macht uns diese schier unbegrenzte Wahlmöglichkeit wirklich frei? Oder kann sie auch zur Falle werden?

Wenn du auf Schallmauern triffst, wendest du dich ab und suchst woanders weiter. Wenn es zu heiß wird, springst du halbgar aus dem Ofen. Wenn es weh tut, legst du ein Trostpflaster drüber. Warum solltest du dich auch anstrengen? Irgendwo geht es bestimmt leichter.

Wenn du dich in deinen Wahlmöglichkeiten verirrst, wirst du deinem eigenen Leben gegenüber unverbindlich. Wenn du in deinen Gedanken und Handlungen auf vielen Hochzeiten tanzt, erschaffst du Mittelmaß. Wenn dir das reicht, fein.

Wenn du wissen willst,
wer du wirklich bist,
wie stark du bist,
wie weit du gehen
und wie tief du lieben kannst,
musst du sterben.

Dein weichgespültes Ego muss für deine Wahl sterben.

Erst wenn es keine Option auf Rückzug, Abbrechen,
Weichen oder Zaudern mehr gibt,
erst wenn du dich dem *einen* Projekt,
der *einen* Beziehung, dem *einen* Sinn,
dem *einen* Augenblick voll hingibst,
kann sich deine Kreativität in *einem* Punkt sammeln,
explodieren und einen neuen Stern gebären.

In welchem Bereich deines Lebens ist es Zeit, dich aus einer halbherzigen Geschichte zu verabschieden?

Wo ist es Zeit, dich voll einzulassen?

Auszug aus „SeelenGevögelt. Manifest für das Leben" Veit Lindau

Energizer & Hüter

Warte nicht auf den Wandel. Sei der Wandel.

Das Energizer- und Hüterprogramm 2018/19 mit Veit Lindau und Gästen

Das Energizer- und Hüterprogramm ist ein intensives, integral und holistisch konzipiertes 18monatiges Ausbildungs- und Transformationstraining. Es richtet sich an bewusste und charakterlich reife Menschen, die dort, wo sie leben, Potentialentfaltung stimulieren und hüten wollen.

Es besteht aus Live Seminaren, Online Modulen, wöchentlichen Video-Lektionen und vernetzt die Teilnehmer*innen in Kleingruppen untereinander.

Das Training eignet sich sowohl für die persönliche Entwicklung, als auch die berufliche Weiterbildung für Frauen und Männer in leitenden, therapeutischen, beratenden und pädagogischen Berufen.

Start Januar 2019

Alle Informationen und die Möglichkeit zur Buchung findest du hier:

www.veitlindau.com/ehp

Wir freuen uns auf dich.

„Selbst der Kleinste kann den Lauf der Dinge ändern."
Tolkien

Die Welt erobern

Du

DU bist wunderschön.
DU bist ein kreatives Genie.
DU bist wahrhaftig.
DU bist unendlich wertvoll.

DU hast das Recht,
auf ein glückliches Leben,
in Freiheit, Reichtum und Gesundheit.

DEIN Leben ist ein kostbares Abenteuer der Selbsterkenntnis.
DU liebst dich, genauso wie du bist.
DU fühlst dich von deinen Mitmenschen und der gesamten
Existenz geliebt.
DU liebst frei und bedingungslos zurück.

DU bist eine Schatztruhe, gefüllt mit Weisheit,
Wissen und Fähigkeiten.
DU traust dich, bemerkenswert zu sein.
DU verschenkst deine Gaben voller Freude.

DU bist Alles und DU bist entspannt Nichts.
DU tanzt frei durch dein Leben und ruhst doch still in dir.

Egal, wie alt DU bist,
die beste Zeit liegt noch vor DIR.
DU bist ein Wunder, umgeben von Wundern.
Es erwarten dich noch viele Wunder.

Das Leben ist gut zu DIR.
DU bist gut.
DU bist frei.

Auszug aus „Werde verrückt. Wie du bekommst, was du wirklich-wirklich willst“ Veit Lindau.

Du?

Was hast du gedacht, als du die Sätze im vorherigen Kapitel über DICH gelesen hast? Konntest du sie uneingeschränkt bejahen?

Spiegeln sie sich in deinem alltäglichen Leben wider?

Oder lösen die Sätze Widerstand in dir aus?
Zweifel? „Meint er das ernst?“
Verneinung? „Das gilt nicht für mich!“
Frust? „Schön wär's!“

Egal, wie du re-agiert hast,
was da geschrieben steht,
ist die Wahrheit über dich, über mich, über uns alle.

Wenn wir es jetzt noch nicht vollständig fühlen oder leben können, liegt ein Irrtum im Geist vor.
Wir haben irgendwann eine begrenzende Lüge über uns gehört und als Wahrheit akzeptiert.
Wir haben vergessen, wer wir wirklich sind:
wunderschöne, einzigartige, liebenswerte, schöpferische Genies.

Wenn du heute sterben müsstest, hättest du das Gefühl, du hättest alles gegeben? Du hättest die Chance deines kostbaren Lebens voll genutzt?

Oder hörst du in leisen Stunden eine drängende Stimme, die dir zuflüstert, dass das, was du heute als Wirklichkeit erlebst, noch nicht alles gewesen sein kann?
Dieses Buch lädt dich dazu ein, größer darüber zu denken, wer du bist, was du kannst und was du mit der Welt zu teilen hast.

Welche innere Grenze wartet darauf, von dir verrückt zu werden?

Welcher Traum muss endlich ans Licht?

Dein Erfolg ist auch dein Geburtsrecht und dein Geschenk an uns alle.

Denn da, wo du lebst, bist du wichtig.

Denn jeder Mensch ist ein lebendiges Vor-Bild.

Wir hemmen einander oder beflügeln uns.

Die Menschen in deiner Umgebung brauchen dich – in deiner schönsten, freiesten und kraftvollsten Version.

Erfolg in dem, was du liebst, ist keine Zauberei. Es ist eine Kunst, die jeder von uns erlernen kann.

Finde heraus, was du wirklich-wirklich willst und wie du es auch manifestierst. Bring dein wahres Potential auf die Welt.

Nichts ist zu gut, um wahr zu sein.

Auszug aus „Werde verrückt. Wie du bekommst, was du wirklich-wirklich willst" Veit Lindau.

Lust auf Erfolg?

Um erfüllt zu leben, brauchst du eine gesunde, positive Beziehung zur Tugend des Erfolgs.

Ich behaupte, dass viele Menschen Erfolg abwerten, weil sie ihn nicht haben. In Äsops Fabel vom Fuchs und den Trauben versucht der Fuchs verzweifelt, an die leckeren Trauben zu kommen. Als er es nicht schafft und bemerkt, dass er von einer Maus bei seinem Scheitern beobachtet wird, behauptet er lautstark, dass er nie an den Trauben interessiert war. Sie seien ihm viel zu sauer.

So ging es mir vor 25 Jahren auch. Mein Leben befand sich in einem desolaten Zustand. Abgebrochenes Medizinstudium, heruntergekommene Einzimmerwohnung mit Außenklo und Möbeln vom Sperrmüll, eine verkorkste Liebesbeziehung nach der nächsten. Ich war chronisch pleite und vor allem: Ich hatte keine Ahnung, was ich wollte. Kein Ego steht gern nackt und unwissend da. Also machte ich es wie der Fuchs. Ich kultivierte eine Antihaltung, kiffte, las Bücher über Weltrevolutionen und Erleuchtung, fühlte mich beim Lesen sehr schlau, zeigte mit dem Finger verächtlich auf alle, die ihr Leben im Griff hatten und sammelte Vorurteile gegen erfolgreiche Menschen.
... bis der Druck irgendwann so mächtig wurde, dass ich bereit war, in den Spiegel zu schauen: Da stand ein frustrierter junger Mann, der weder wusste, was er will, noch wie er es bekommen soll. Der ernüchternde Schmerz dieser Erkenntnis sandte mich auf eine intensive Forschungsreise. Ich wollte Erfolg verstehen und meistern.

Heute bin ich nicht nur erfolgreich, sondern ich fühle es auch.
Ich fühle mich in mir wohl (hat eine Weile gedauert).
Seit fünfundzwanzig Jahren lebe ich mit einer großartigen Frau in einer lebendigen Beziehung, wie ich sie mir so schön nie hätte vorstellen können. Ich durfte eine wunderbare Tochter großziehen.
Unsere Unternehmen schreiben mittlerweile Umsätze im siebenstelligen Bereich, indem sie Gutes in die Welt bringen. Der ökonomische Reichtum gibt mir die Möglichkeit, endlich viele der Projekte umzusetzen, die schon lange in meiner schöpferischen Pipeline warten.
Ich arbeite mit Menschen zusammen, die ich liebe. Wir sind eine große Familie. So habe ich es immer gewollt.
Meine Bücher finden den Weg zu vielen Lesern, die mir auf diese Weise erlauben, ihr Leben zu berühren.
Ich lerne in meiner Arbeit täglich interessante, liebenswerte Menschen kennen.
Ich weiß, dass dies alles auch wieder geht. Deshalb bin dankbar, dass ich auch die Kunst des Loslassens immer besser beherrsche.
Ich habe meine Berufung gefunden und lebe mich darin aus.

Das alles schreibe ich nicht, um anzugeben, sondern weil ich finde, dass man, bevor man den Rat eines Menschen annimmt, überprüfen sollte, ob er lebt, was er lehrt. Ich schreibe dieses Buch nicht aus einer theoretischen Perspektive. Erfolg ist eines meiner zentralen Lebensthemen und darüber zu kommunizieren, mein Auftrag. Alles, was ich mit dir teile, ist durchlebt. Es ist nicht nur durch meine persönliche Erfahrung bestätigt. Ich habe diese Prinzipien an mehrere tausend Klienten weitergegeben und auch bei ihnen greifen sie.

Es gab auf meinem Weg des Erfolgs viele entscheidende Weggabelungen. Eine der wichtigsten war der Moment, als ich für mich eine positive Definition von Erfolg fand.
Ich habe mir die Zeit genommen, alle meine Vorurteile zu überprüfen und alles Falsche über Bord geworfen. Übrig geblieben ist eine Definition, die es mir endlich ermöglicht hat, eine gesunde Beziehung zum Erfolg aufzubauen.
Diese Definition möchte ich hier mit dir teilen; auf ihr baut das gesamte Buch auf.

Erfolg ist eine Tugend. Es ist deine Fähigkeit,
... immer wieder frisch herauszufinden, was du wirklich-wirklich willst,
... und dann dein gesamtes Potenzial sanft, bewusst und effektiv dafür einzusetzen, dass du es auch bekommst.

Jeder Mensch will und muss wissen, was er wirklich-wirklich will. In Wahrheit ist bereits dieses Wissen ein Riesenerfolg. Und jeder Mensch sehnt sich danach zu bekommen, was er wirklich-wirklich will.

Wenn du für dich erkannt hast, dass das, was du gerade wirklich-wirklich willst, die erste Million ist, dann nur zu. Sanft, bewusst und effektiv. In diesem Fall besteht Erfolg für dich gerade darin, deine erste Million zu machen. Es steht niemanden zu, dich deswegen zu verurteilen. Denn niemand läuft auf deinem Pfad.

Wenn du gerade der Welt entsagen und dich in ein Kloster zurückzuziehen möchtest, um Erleuchtung zu finden, tu es. Sanft, bewusst und effektiv. Dann heißt Erfolg für dich gerade, Erleuchtung zu finden (Du willst ein Heiliger werden? Mach es richtig. Jesus und Buddha sind für mich zwei wirklich erfolgreiche Menschen gewesen). Sie beeinflussen uns noch immer. Es steht niemanden zu, dich deswegen zu verurteilen. Denn niemand läuft auf deinem Pfad.

Wenn es für dich das Allerwichtigste ist, Frieden auf der Welt zu schaffen, setz dich dafür ein. Mit allem, was du hast. Sei der erfolgreichste Friedensarbeiter, denn es je gab.

Was steht gerade für dich an? Sex, Nestbau, Business, Gesundheit ...? Gut. Sauge alles auf, was du über Erfolg lernen kannst und setze es in deinem essentiellen Thema um.
Schon immer ging es uns Menschen darum, in dem, was uns wesentlich erschien, Erfolg zu haben. Hier einige epochale Erfolge:

Die Entdeckung des Feuers.
Die Geburt der Kunst in Tanz und Höhlenmalerei.
Der Anbau von Getreide.
Die Erschaffung von Göttern, mit denen wir sprechen konnten.
Die Errichtung von Städten und Imperien.
Kriege zu gewinnen.
Kriege zu beenden.
Die *Odyssee* und *Faust* zu schreiben.
Die Pest zu besiegen.
Überirdisch schöne Musik zu komponieren.
Menschen ein leuchtendes Vorbild zu sein.
Revolutionen anzuzetteln.
Dampfmaschinen zu bauen.
Gott vom Thron zu stürzen.
Dich selbst darauf zu setzen.
Vernunft in die Welt zu bringen.

Zu fliegen wie Vögel.
Frauen Männern gleichzustellen.
Computer zu bauen.
Unsere Geister durch das Internet zu vernetzen.

... und jetzt bist du dran.

Vergiss, was die anderen unter Erfolg verstehen. Sie stehen nicht an deiner Stelle.
Was willst du wirklich-wirklich?
Finde es heraus. Benenne es.
Dann geh von der Bremse und spiel das beste Spiel deines Lebens.

Erfolg regt deine Entwicklung an.
Er lockt dich aus der Komfortzone.
Er macht dich sichtbar.
Er lässt dich neue Wahrheiten über dich entdecken.

Erfolg, in dem, was du liebst,

weitet deinen Geist,

durchflutet dich mit Ekstase

und lässt dich still werden.

Hast du Lust auf diese Form des Erfolgs?

Auszug aus „Werde verrückt. Wie du bekommst, was du wirklich-wirklich willst" Veit Lindau.

Radikale Selbstliebe

Im Jahr 1936 wurde zum ersten Mal Charlie Chaplins Film „Moderne Zeiten“ gezeigt. Er handelt von Charlie, dem Tramp, der versucht, in einer hochmodernen Fabrik mitzuhalten und zu überleben. In der Fabrik sind absurde Maschinen zu bedienen und ständig überwacht der Fabrikdirektor mit Kameras und Bildschirmen die Tätigkeit seiner Mitarbeiter. Charlie arbeitet in der Fließbandfertigung. Er muss immer schneller arbeiten und dreht irgendwann durch.

Der Film kritisiert den durch die Industrialisierung hervorgerufenen Verlust von Individualität durch Zeitdruck und automatisierte Arbeitsabläufe. Auch wenn heutzutage immer mehr positive, menschenfreundliche Ansätze in Bildung, Wissenschaft und der Unternehmenskultur auftauchen, halte ich Chaplins Film nach wie vor für hochaktuell. Er erklärt, warum wir uns überhaupt über Selbstliebe unterhalten müssen.
Eine primär leistungsorientierte Gesellschaft bringt ohne Zweifel viele weltliche Errungenschaften hervor. Doch wenn sich ihre Dynamik verselbstständigt, führt sie zur systematischen Selbstentfremdung des Menschen.

Wie hast du zum Beispiel den heutigen Tag bis hierher erfahren? Hast du achtsam von innen nach außen, oder von außen nach innen gelebt? Konntest du dich frei und authentisch ausdrücken oder hast du hauptsächlich auf Erwartungen und Verpflichtungen von außen reagiert?

Ich bin mir bewusst, dass diese Fragen utopisch bis provokant klingen können. Viele Menschen stehen unter so einem immensen Dauerdruck, dass sie solche Überlegungen nur noch zynisch als „realitätsfern" abtun. Das kollektive Hamsterrad hat eine wahnwitzige Schwungkraft entwickelt, so dass wir nicht mehr dazu kommen, seinen Sinn grundsätzlich zu hinterfragen. Dient unsere gemeinsame Anstrengung wirklich dem Wohlergehen des Menschen? Oder bedienen wir ein Monster der Geschäftigkeit, welches wir selbst erschaffen haben? Wissen wir noch oder wussten wir je, was wir wirklich-wirklich wollen?

Unser Selbstwertgefühl ist immer stärker an äußere Rückmeldungen gekoppelt: „Was ist richtig? Was ist sicher? Was ist angesagt? Womit hat man Erfolg? Was wird gebraucht? Was bringt die meiste Anerkennung?" Bis auf starke Naturen, die dem hypnotischen Sog widerstehen können, entfalten wir uns nicht mehr natürlich, von innen nach außen, sondern reagieren automatisch, von außen nach innen. Was wir wirklich wollen, tritt mehr und mehr in den Hintergrund und ist irgendwann gar nicht mehr abrufbar. Berufliche Erwartungen, private Verpflichtungen, mediale Reize, massive Werbung – der ständige Handlungsbedarf an der Peripherie führt zu einer Vernachlässigung des sinnstiftenden Innenraums. Es entsteht ein wesentliches Vakuum. Wir wissen, was wir zu erfüllen haben, aber nicht, was uns erfüllt.

Es gibt zwei Ausbruchmöglichkeiten aus diesem Gefängnis der Zwänge. Der eine wird, wie weiter oben schon beschrieben, unfreiwillig durch eine Krise herbeigeführt. Wenn wir den Job verlieren, der Ehepartner uns sitzen lässt, wir körperlich schwer erkranken oder depressiv werden, dann brechen die Mauern von außen ein. All die Fragen, vor denen wir weggerannt sind, dringen zu uns vor. Jetzt müssen wir uns ihnen stellen. Doch wir müssen nicht auf diesen Crash warten. Es gibt einen sanfteren Weg in die Freiheit. Du kannst die Gefängnistür von innen öffnen, indem du dich bewusst für radikale Selbstliebe entscheidest.

Warum nenne ich es *radikale* Selbstliebe?

Das Wort radikal stammt vom lateinischen *radix* (die Wurzel). Radikale Selbstliebe bedeutet, dich entschlossen auf die Wurzel deines Wesens zu besinnen, selbst wenn scheinbar alle versuchen, dich davon abzulenken. Du ziehst das JA! deiner Aufmerksamkeit von den lächerlichen Ersatzbefriedigungen ab und schenkst es dir. Es gilt einen seelischen Innenraum zu entdecken, in dem du unerschütterlich zuhause bist. Hier findest du die tiefe, starke Wurzel eines Selbstwertes, der an den guten und den beschissenen Tagen standhält.

Ein JA! zu dir in dieser Radikalität ist ein revolutionärer Akt. Du stehst ab jetzt für bestimmte Spiele – privat, beruflich, gesellschaftlich – gesellschaftlich mehr zur Verfügung. Du erlaubst dir, frei und groß zu denken. Du hast es nicht mehr nötig, dich für kleine Brotkrumen der Anerkennung zu verbiegen. Du jagst nicht mehr wie ein dummer Esel automatisch jeder Karotte hinterher, die dir andere oder du selbst vor die Nase baumeln. Du lässt immer mehr los, was dich schwächt und tust immer mehr von dem, was dich stärkt.

Dieses radikale JA! zu dir ist kein Psychokonzept. Es ist eine stille, zu allem entschlossene Wahl, dir treu zu sein. Dein geis-

tiges Rückgrat richtet sich auf. Du nimmst ein inneres Zentrum ein, welches jedem Sturm im Außen ruhig begegnen kann. Dieses bedingungslose JA! verändert alles. An manchen Stellen still und sanft, an anderen mit einem lauten Knall. Trost-Spielchen werden als das erkannt, was sie sind: Schaler Ersatz für die Chance, deine Welle voll zu reiten.
Wenn du beginnst, dich voll anzunehmen, kannst du dich endlich offen und neugierig erforschen. Dein JA! zieht dich auf eine faszinierende Reise nach innen. Von hier kommst du mit unglaublichen Schätzen zurück. Sei darauf vorbereitet, dass nicht jeder Mitspieler deines alten Lebens deine neuen Erkenntnisse begeistert aufnimmt. Der Blinde und der Lahme tun sich gern zusammen. Wenn einer sich plötzlich wieder erhebt und selbstständig laufen und sehen lernt, wird auch der andere vor die Wahl gestellt. Nicht jeder freut sich sofort, wenn du ihn einlädst, an deiner Seite zu wachsen, anstatt zu kriechen.

Dein radikales JA! zu dir schüttelt die alten Vorgaben, wer du sein solltest, von deinen Schultern ab. Du erlaubst dir, neugierig in jede Richtung zu schauen. Du erweiterst die Bandbreite deiner Gefühle, den Flugradius deiner Gedanken und die Optionen deiner Handlungen. So wirst du für dich und andere wieder das, was du früher einmal warst: ein unberechenbares Wunder. Was deine Vernunft nie konnte, schafft dein JA! Es vereint die scheinbar so verschiedenen Stimmen deiner Seele in einem vollkommenen Lied. Jeder Mensch ist ein komplexes Universum für sich – funkelnd wie ein Diamant mit tausend Facetten. Wir werden unsere Schönheit durch den Filter unserer Vorurteile niemals voll erfassen. Dafür braucht es die vorbehaltlos liebende Kraft unseres Herzens. Durch die Augen der radikalen Selbstliebe gesehen, offenbart sich, dass sich dein Schatten und Licht,

dein Dreck und dein Gold, deine Größe und deine Winzigkeit nicht ausschließen, sondern essentielle Zutaten eines alchemistischen Prozesses sind, der etwas hervorbringt, was so noch nie dagewesen ist. Wenn dein Fuß von der Bremse geht, explodiert deine natürliche Kreativität. Dein Potenzial entfaltet sich in spontaner, verblüffend intelligenter Dynamik. Dies zu erfahren, schenkt dir dein Urvertrauen zurück und lässt dich insgesamt unbefangener durch das Leben gehen.
Ein Synonym für *radikal* ist *bedingungslos.* In einer Kultur, die ständig wertende Maßstäbe benutzt, um sich selbst voranzutreiben, scheint die Möglichkeit, dich genauso, wie du bist, bedingungslos anzunehmen, vielleicht unmöglich. Deshalb kann der Entschluss, dich so radikal zu lieben, auch nicht allein aus der Vernunft getroffen werden. Du musst es mit deinem ganzen Wesen wollen – genauso entschlossen, wie ein Ertrinkender um den nächsten Atemzug kämpft. Es gibt nur noch eine Option – dich zu lieben.

Lass uns ein Missverständnis von Beginn an vermeiden: Dich zu lieben bedeutet nicht, permanent von dir begeistert zu sein. Du kannst dich in einem Moment vollkommen zum Kotzen finden und dich dennoch, in der Tiefe, vollständig annehmen. Du kannst traurig, ratlos, wütend sein und dich gleichzeitig lieben. Eine Mutter ist manchmal furchtbar wütend auf ihr Kind, doch im Herzen hat sie keine andere Wahl, als es zu lieben. Das ist nicht rational zu verstehen, doch es ist erfahrbar. Ich schreibe von einem Quantensprung des Bewusstseins – aus dem Zustand des polarisierenden Bewertens – hinein in die vollkommene Annahme dieses Augenblicks.
Es kann sein, dass sich der Verstand gegen die Einfachheit dieser Liebe auflehnt. Wie könnte er nicht. Er wurde darauf trainiert,

zu bewerten. Du musst ihn nicht ausschalten, du musst nicht blöd werden, um dich annehmen zu können. Du kannst die Fähigkeiten deines Denkens nutzen, um die optimalen Bedingungen für Selbstliebe zu schaffen.
Doch zuallererst musst du eine bedeutsame Wahl treffen. Am Beginn einer starken und heilsamen Beziehung zu dir steht deine Entscheidung, dich radikal zu lieben – völlig frei von jeglichen Umständen.

Bist du dazu bereit?
Wie kannst du dir demonstrieren,
dass du es mit deiner Wahl ernst meinst?

Auszug aus „Heirate dich selbst. Wie radikale Selbstliebe dein Leben revolutioniert"
Veit Lindau

Das Geheimnis von Erfolg

Da ist keines!

Greif im Geist nach den Sternen.

Konzentriere dich auf deine Stärken.

Und dann geh los.

Jeden Tag einen Schritt.

Bleib lässig UND gib niemals auf.

Es ist so verdammt einfach, Menschen, die du bewunderst, in deinem Geist auf ein Podest zu stellen, was du selbst (scheinbar) nicht erreichen kannst. Doch wir vergessen dabei: Diese Menschen stehen nicht dort, weil sie über Superkräfte verfügen, sondern weil sie an ihren Traum geglaubt haben und dann einfach losgegangen sind. Sie sind nicht geflogen. Sie straucheln und fehlen wie jeder von uns. Mit einem Unterschied. Sie gehen einfach weiter. Jeden Tag. Sie versetzen Berge, indem sie sie in kleinen Stücken abtragen. Jeden Tag.

Hast Du einen Traum?

Warte nicht auf Superkräfte.

Warte nicht auf den richtigen Moment.

Geh heute los.

Und gib niemals auf.

Schau dich in einem Jahr um und du wirst staunen, was du erreicht hast.

Dein Feuer

Folge konsequent deiner Passion und der Erfolg folgt dir.

Dies bedeutet keineswegs, immer nur das zu tun, was dir Spaß macht. Passion kommt aus einer wesentlich existentielleren Tiefe als die Freuden des Alltags.

Sie lässt dich Opfer bringen, Durststrecken überwinden, dein eigenes kleines Ich wieder und wieder sterben.
Sie treibt dich morgen aus dem Bett, auch wenn es mal regnet.
Sie verleiht dir ein charismatisches Leuchten, wenn du über sie sprichst.
Sie verwandelt Garagen in Inkubatoren für Weltrevolutionen.
Sie lässt dich Pausen vergessen und hält dich manchmal nachts auf eine gute Weise wach.
Sie motiviert dich wesentlich stärker als Geld, immer wieder deine Komfortzone zu überschreiten und permanent dazu zu lernen.

Passion kennt keine Hindernisse, nur Herausforderungen.

Passion will nicht nur, dass es dir gut geht. Sie muss erfüllt werden. Deshalb hat sie eine solche Durchschlagskraft.

Wofür brennst *du?*

(Und falls du jetzt denkst „Für nichts.“, sage ich dir: „Das glaube ich dir nicht.“)

Geh für Alles

Manche Menschen glauben immer noch, Erfolg bedeute vor allem, ein dickes Auto zu fahren und einen Palast zu besitzen. Was für eine tragische Verwechslung zwischen Ziel und Zweck.

Ziele dienen der Orientierung, doch in diesem Spiel geht es um viel mehr – um *dich!*

Was musst du leben, um in Ruhe sterben zu können?

Bewusst erfahrener Erfolg ist ein edler und intensiver Weg der Selbsterkenntnis. Eine Reise in das Herz aller Fragen:

Wer bin ich?

Bewusst erfahrener Erfolg bringt immer wieder eine neue Geburt. Indem du dir gestattest, größer und freier darüber zu denken, wer du bist, was du kannst und was du der Welt zu geben hast, und bereit bist, dem konkrete Taten folgen zu lassen, bringst du eine freiere Version deines Selbst auf die Erde.
Und das nicht nur einmal, sondern immer wieder.
Gutes Leben. Vitales Leben. Wildes Leben.

Das größte Geschenk, das du mit uns allen teilen kannst, bist *Du.* Du in deiner schönsten, kühnsten, liebevollsten Version.

Reichtum ist dein Geburtsrecht

Mangel ist eine Lüge.
Wer auch immer du bist,
völlig unabhängig von deiner Herkunft, deinem Beruf,
deinem Kontostand –
Reichtum ist dein Geburtsrecht.
Mangel ist nicht real.
Mangel ist ein Irrtum im Geist.
Es ist Zeit,
dich zu erinnern,
den Irrtum zu korrigieren
deinen Geist zu befreien,
deinen Reichtum – innen und außen – zu erfahren
und großzügig mit der Welt zu teilen.
Du bist kein Durstender.
Du bist die Quelle.

Vielleicht denkst du gerade: „Mangel soll nicht real sein? Der spinnt doch!“ Du denkst an die ca. drei Millionen Kinder, die immer noch jedes Jahr weltweit an Unterernährung sterben müssen. Angesichts solcher Statistiken oder deines eigenen Kontoauszugs mag ein Satz wie „Mangel ist nicht real“ zynisch wirken.

Nichts liegt mir ferner, als mich über die Erfahrung von Mangel lustig zu machen. Ich bin kein Fantast, der die Welt durch eine rosarote Brille sieht. Viele meiner Klienten müssen mit sehr wenig Geld zurechtkommen. Ich kenne ihre Sorgen und weiß auch aus eigener Erfahrung, wie es sich anfühlt, am Ende ei-

nes Monats zwischen zwei hoffnungslos überzogenen Konten hin- und herjonglieren zu müssen, um die Miete und andere Rechnungen bezahlen zu können. Über viele Jahre war mir die Erfahrung des Mangels und der damit verbundenen Angst vertraut, die sich wie ein bleierner Nebel auf die Brust legt und das Denken lähmt.
Ich schaue Nachrichten. Ich lese Statistiken. Ich kann mich gegenüber dem Leid auf unserer Welt nicht abschotten, selbst wenn es mir gut geht. Dennoch behaupte ich: Mangel ist nicht real. Er ist eine trügerische Illusion des menschlichen Geistes, die sich nur leider verdammt real anfühlen kann.
Leben ist in seiner Essenz Fülle. Unser Universum wurde vor 14 Milliarden Jahren aus einer unvorstellbar großen Energiequelle heraus geboren. Auch heute ist das, was wir als Nichts, als Leerraum zwischen den Objekten betrachten, angefüllt mit ruhendem Potenzial. Der renommierte Physiker Richard Feynman sagte einmal: „In einem einzigen Kubikmeter unseres Weltalls existiert genug Energie, um alle Ozeane der Welt zum Kochen zu bringen."

Leben ist berstende Fülle.

Warum erfahren wir sie dann nicht alle? Weil wir (noch) nicht vollständig erkannt haben, wer wir wirklich sind. Solange diese existenzielle Frage nicht erfüllend in dir beantwortet wird, werden Angst und Gier deinen Blick für wahren Reichtum trüben.

Wir Menschen sind schöpferische Titanen, die sich auch nach 90000 Jahren kognitiver (R)Evolution immer noch wie kleinherzige und engstirnige Zwerge verhalten, die für ein paar anfassbare Dinge ihre kostbare Lebenszeit opfern, anstatt den Geist zu dehnen und die Gesetze des wahren Reichtums zu erforschen.

Ein durch die Erfahrung von Mangel getrübtes Bewusstsein ist nicht mehr kreativ. Es verkrampft in Angst und / oder Gier. Es verleitet dich und mich und uns zu würdelosen Handlungen, die bewusst oder unbewusst unsere Würde verletzen und unsere wahre Größe vor uns selbst verschleiern.

Aus der Illusion des Mangels heraus betteln wir um Liebe,
fallen wir dem Konsumrausch zum Opfer,
rennen wir dem Geld hinterher,
gehen wir Arbeiten nach, die unsere Integrität verletzen,
werden wir geizig,
horten wir,
fühlen wir uns minderwertig
werden wir krank,
führen wir Kriege,
zwischen Mann und Frau,
arm und reich,
Völkern und Religionen.
Ein Mensch, dessen Bewusstsein durch Mangel vergiftet ist,
übersieht seinen inneren Reichtum,
kann nicht mehr groß und frei denken,
wird zum Sklaven einer ewigen Suche –
endlich „das“ zu finden, was seinen Hunger stillt.

Diese Suche lässt ihn einen faulen Kompromiss nach dem anderen eingehen – um ihn doch immer wieder zu ent-täuschen. Bis er endlich - hoffentlich nicht zu spät - aufwacht aus dieser Täuschung, um sich die richtigen Fragen zu stellen.

Dieses Buch ist eine Einladung an dich. Dich zu erinnern. Zu erwachen. Deine geistigen Flügel zu voller Spannweite zu erheben. Deinen inneren Reichtum voll zu erkennen und zu feiern. Guten Reichtum im Außen zu kreieren. Und dich dafür so lebensintelligent wie möglich mit uns anderen zu vernetzen. Dann werden wir einen Mythos Wirklichkeit werden lassen – das Paradies.

Ich liebe die bewusste Auseinandersetzung mit Reichtum, Erfolg und auch Geld deshalb, weil sie uns unweigerlich mit sehr existenziellen Fragen konfrontiert:

Wie viel bin ich wert?

Wie viel ist meine Existenz wert?

Bin ich gut? Bin ich richtig?

Habe ich das Recht, mich frei zu entfalten?

Und was wird dann passieren?

Ist das Leben vertrauenswürdig?

Wird es mich tragen?

Gestatte ich mir, die vorgegebenen Trampelpfade zu verlassen, um wirklich meinen Weg zu finden?

Wird er mich ernähren?

Wenn du mich fragst, ist es relativ egal, wann genau wir unser Urvertrauen in das Leben verloren haben. Ich finde die Frage viel spannender, ob und wie wir wieder dahin zurückkehren können. Definitiv nicht, indem du dich mit dem begnügst, was dir als Realität beigebracht worden ist, sondern indem du deiner Sehnsucht folgst – zum Beispiel nach einem reichen und erfüllten Leben. Du wirst dir wunde Knie holen, Fehler machen, allein im Regen stehen – na und! Du wirst manche Ziele erreichen. Andere nicht. Das ist nicht wichtig. Wichtig ist, was du auf dem Weg zu deinen Träumen über dich erfahren wirst.

Ich kenne dich vielleicht nicht persönlich, aber ich weiß, dass du ein wertvolles Wesen bist, mit dem Anrecht auf ein Leben in Freiheit und Fülle. Ich weiß, dass du gut und richtig bist. Ich weiß, dass du dich verschenken willst und musst – um am Ende deines Lebens sagen zu können: Ich habe mich gefunden.

Auszug aus „Omega. Willkommen im Reichtum" Dr. Ruediger Dahlke und Veit Lindau

Gedanken werden Dinge

Wer diesen Spruch immer noch nur für eine esoterische Floskel hält, hat seine eigene schöpferische MACHT noch nicht verstanden. Ob wir wollen oder nicht - jeder Gedanke wirkt wie eine Trance-Induktion.

Jeder Gedanke färbt unsere Sicht auf die Welt.
...entscheidet darüber, was wir wahrnehmen und was wir ausblenden.
...legt die Grenze zwischen MÖGLICH und UNMÖGLICH fest.
...beeinflusst unsere Biochemie und unser Immunsystem.
...unsere Haltung und Ausstrahlung.
...wirkt so auf unsere Emotionen und Entscheidungen ein.
...initiiert mutige Handlungen oder errichtet ängstliche Blockaden.
...lenkt unsere Beziehungswahlen und prägt die Qualität unserer Kommunikationen.

Unsere Gedanken erschaffen die Ergebnisse in unserem Leben, vor denen wir dann erstaunt stehen und uns eventuell als Opfer der „Geschehnisse" begreifen, weil wir den Gesamtzusammenhang aus den Augen verloren haben.
Alles begann - irgendwann - mit einem Gedanken.

In 50 Jahren wird es die Menschheit so nicht mehr geben oder wir werden ein Paradies errichtet haben. Als eine Co-Creation vieler bewusster, liebender Schöpfergeister.

Wir werden in unseren freien Schulen selbstverständlich neue Fächer unterrichten. Zum Beispiel WERTE & INTEGRITÄT, SCHÖPFUNG & KREATIVITÄT, LEBENDIGE BEZIEHUNG, MITGEFÜHL & MEDITATION.

Wir werden unsere feinen Geister nicht mehr in sinnlosen Gesprächen oder Social Media Loops parken.
Jede Begegnung - ob mit einem guten Freund oder einem Fremden - wird von der freudvollen Frage getragen sein: Was wollen wir durch unseren Dialog erschaffen?
Welchen Mythos wollen wir wahr werden lassen?

Klingt das utopisch für dich?
So fängt es immer an.
Nichts ist so machtvoll wie eine einzige Idee, der du deine Macht verleihst, indem du wählst, an sie zu glauben.

Wie ein PHOENIX aus der Asche

PHOENIX ist ein sagenumwobener Vogel, der im Feuer der Transformation stirbt, um dann neu geboren zu werden.

Wenn es Zeit für deine PHOENIX Erfahrung ist, wirst du es wissen.

Egal, wer du bis heute gewesen bist, was du geleistet hast und welche Niederlagen du einstecken musstest, dieser Tag heute ist niemals das Ende. Sondern immer erst der Anfang.

Kein Mensch lebt sein volles Potential. PHOENIX – unser mit Abstand intensivstes Seminar – richtet sich an Menschen, die sich an entscheidenden Weggabelungen ihres Lebens spüren.

PHOENIX ist kein Seminar im klassischen Sinne. Du bekommst keinen Input.

Wir fragen dich. Wir fordern dich auf eine oft überraschende,
liebevolle und gleichzeitig radikale Weise heraus,
dein Leben und deine Sehnsucht ernst zu nehmen,
voll in dem anzukommen, was gerade ist,
alles loszulassen, was du nicht mehr brauchst,
dich auf einer wesentlich tieferen Ebene mit deiner Kraft und deiner Essenz zu verbinden und wenn du dann im Laufe der acht Tage wie der sagenumwobene Phönix aus der Asche dieses Transformationsfeuers auferstehst, neue Wahlen für deinen nächsten Lebensabschnitt zu treffen.

PHOENIX ist eine moderne Initiation, die alte Traditionen mit Psychologie und den neuesten Erkenntnissen der Neurowissenschaft vereint.

Alle Informationen und die Möglichkeit zur Buchung findest du hier:

www.veitlindau.com/phoenix

Liebe radikal

Menschenmöglichkeit

Als wir uns fanden, waren wir blind. Wir verletzten uns.
Der Treibsand unserer Missverständnisse zog uns voneinander weg.
Doch eine geheime Kraft,
nennen wir sie Liebe,
verführte uns, immer wieder aufeinander zuzugehen.
Wir fürchteten uns, aber wir blieben im Feuer der Nähe stehen.
Wir berührten einander.
Das Dunkle kam ins Licht.
Das Licht gab sich dem Dunklen hin.
Das Hässliche offenbarte seine eigene zarte, leise Schönheit.
Alte Wunden brachen auf und heilten.
Das Tier tobte sich aus und kam zur Ruhe.
Das Göttliche küsste sich in uns wach.
Und in all dem fand der Mensch seinen Frieden.
Wir erinnerten uns.
Der Geist wurde still.
Wir erhoben unseren Blick und …
erkannten uns.

Auszug aus „Liebe radikal. Wie deine Beziehungen erblühen, wenn du dich existentiell einlässt"
Veit Lindau

Wenn Frau und Mann erwachen

Vor ca. 90.000 Jahren ereignete sich auf unserem Planeten ein Wunder. Ein Tier – der Mensch – begann zu erwachen.
Es begann sich, seiner selbst bewusst zu werden und entwickelte die Fähigkeit, sich Dinge vorzustellen, die noch nicht existierten.
Dies war der Beginn der kognitiven Revolution.
Seitdem ringen wir um Bewusstsein. A. u. Lindau
Wir suchen nach der Antwort auf die Frage:
„Wer sind wir wirklich?“
Egal, was uns Religionen und Wissenschaften erzählen, wir sind noch nicht vollständig wach.
Die Reise unseres Verstehens hat erst begonnen.
Noch taumeln wir wie im Halbschlaf über den Planeten.
Noch haben Mann und Frau nicht vollständig erfasst, wer sie füreinander sein können.
Wir leben auf zum Teil extrem verschiedenen Realitätsinseln.
Wir stehen uns in einer Art Trance der Trennung gegenüber, missverstehen und verletzen uns, weil wir weder uns selbst noch den anderen wirklich erkennen.
Wenn wir nicht nur überleben,
sondern ein reales Paradies errichten wollen,
in dem der Mensch mit allem Leben ko-kreiert,
dann müssen beide,
Mann und Frau,
noch weiter erwachen.

Auszug aus „Königin & Samurai. Wenn Frau und Mann erwachen“ Andrea und Veit Lindau

Die nächste Revolution steht an

Mal ganz ehrlich: Wenn wir uns die täglichen Nachrichten reinziehen, den wenig originellen Beziehungsdramen unserer Freunde lauschen, und vor allem das Schneckentempo realisieren, in dem unser eigener Lernprozess vorangeht – haben wir dann nicht allen Grund, das Evolutions-Experiment namens Mensch infrage zu stellen? Liegt es da nicht nahe zu schlussfolgern: „Irgendetwas läuft hier gewaltig schief! Der Mensch checkt es einfach nicht."

Dabei sind wir doch ohne Zweifel auf verschiedenen Ebenen eine sehr intelligente und kreative Spezies! Wir haben die Erde mit unseren Maschinen erobert, wir verfügen über hocheffiziente Technologien, die Wissenschaft boomt.

Wir können so viel, doch ohne die Liebe können wir nichts.

Im Jahr 200 vor Christus, umfasste die weltbekannte Bibliothek von Alexandria ca. 700.000 Buchrollen. Heute, rund 2200 Jahre später, hat die größte Büchersammlung der Welt, die Kongressbibliothek in Washington, mehr als 112 Millionen Bücher verteilt auf Regalbrettern von 857 Kilometer Länge. Zwischen 1800 und 1900 hat sich das Wissen der Menschheit verdoppelt. Zwischen 1900 und 2000 verzehnfacht. Alle vier Minuten gibt es heute eine neue medizinische Erkenntnis, alle drei Minuten wird ein neuer physikalischer Zusammenhang gefunden, jede Minute eine neue chemische Formel.

Wir wissen so viel, doch ohne die Liebe wissen wir nichts.

Wir sind physisch so reich wie nie zuvor. Doch wie sieht es in unseren geistigen und seelischen Schatzkammern aus? Wie steht es um unsere Beziehungen, um Nähe, Humor, Freude, Tiefe und Wahrhaftigkeit? Im Zeitalter der globalen Vernetzung sind viele Menschen einsamer denn je. Wir starren auf unsere Bildschirme, kommunizieren per E-Mail, Facebook oder Smartphone, doch unsere Fähigkeit, echte, fühlende, langfristig erfüllende Kontakte aufzubauen, verkümmert. Im Zeitalter des materiellen Überflusses verhungern täglich 43.000 Kinder, für die genug zu essen da wäre. Warum? Welcher Knoten in unserem Kopf verhindert, dass wir erkennen, wie einfach und schön Teilen sein kann?

Warum wissen wir so viel über die ökologischen und ökonomischen Zusammenhänge auf unserem Planeten und ändern dennoch so wenig an all diesen Missständen? So viel hat sich rasant entwickelt und trotzdem stehen wir so nah am Abgrund des menschlichen Experiments wie nie zuvor.

Ich schreibe das nicht, um dich traurig zu stimmen. Ich schreibe es, um dich zu einer wunderschönen und mächtigen Idee verführen.

Warum tun wir als Einzelne denn meistens so wenig?
Weil wir den Zusammenhang zwischen unserem winzigen Leben und dem Treiben der großen Welt nicht erkennen. Weil wir nicht spüren, dass wir wirklich wichtig sind. Doch du bist es, du bist verdammt wichtig!

Das, was heute in deinen Beziehungen geschieht, hat sehr wohl einen Einfluss auf das Ganze. Die Krisenherde dieser Welt existieren nicht losgekoppelt von dir. Der Moment, in dem du heute einen anderen Menschen verurteilst und abweist, ist der kleine Funke, der irgendwo da draußen das Feuer für den nächsten Krieg entzündet. Auch wenn wir es oft nicht fühlen: Wir sind alle miteinander verbunden.

Jeder einzelne von uns ist das Grenzland, in dem zwischen Krieg und Frieden, Angst und Liebe, Kleingeist oder Großherzigkeit entschieden wird. Unsere Taten mögen winzigen Kieselsteinen gleichen, die in einem riesigen Meer versinken. Doch jede einzelne löst eine kleine Welle von Wirkungen aus, die den ganzen Ozean des Lebens beeinflussen. Die Frau, die du heute Morgen mit einem aufrichtigen Kompliment verzauberst, ist vielleicht den ganzen Tag freundlicher zu ihren Angestellten. Diese gehen zufriedener nach Hause und begegnen ihren Kindern liebevoller. Der Mensch, dem du heute dein Gehör schenkst, fasst wieder neue Hoffnung und bringt sich nicht um. Niemand weiß, wie wichtig er in Wahrheit für das große Ganze ist.

In den letzten Jahrzehnten war viel die Rede von Computer-Revolutionen, Internet-Revolutionen oder Revolutionen in der Kriegsführung. Um die Herausforderungen unserer Zeit zu lösen, braucht es eine neue Revolution – eine sanfte, tiefgreifende Revolution unseres Geistes im Namen der Liebe.

Wir haben unser zwischenmenschliches Potential noch nicht im Ansatz verwirklicht; wir sind nicht fertig entwickelt. Eine entscheidende Antwort auf die individuellen und globalen Herausforderungen der heutigen Zeit liegt in der Evolution unserer Liebesfähigkeit.

So eine Revolution muss bodenständig, mit schonungsloser Ehrlichkeit beginnen: Wo missbrauchen wir dieses kostbare Wort *Liebe* für etwas, was damit überhaupt nichts zu tun hat? Was ist Liebe wirklich? Was bleibt davon übrig, wenn wir unsere Beziehungen nicht durch die romantische Lust- oder die esoterische Weichspülbrille sehen? Wie weit sind wir als soziale Wesen tatsächlich entwickelt und wo machen wir uns gnadenlos etwas vor? Basieren unsere individuellen Ansprüche wirklich alle auf dem Drang nach Freiheit, oder haben wir oft einfach nur Angst, uns echt einzulassen?

Eine Revolution des Geistes im Namen der Liebe bedeutet, erst einmal stehenzubleiben und hinzuschauen. Auch wenn das, was wir sehen, an manchen Stellen wehtut.
Wir müssten unseren zwischenmenschlichen Beziehungen mehr Raum für Ehrlichkeit und Tiefe schenken, so dass sich alles zeigen darf – das Tier, der Mensch und das Transzendente in uns.

Eine Revolution des Geistes im Namen der Liebe bedeutet, dass jeder endlich die volle schöpferische Verantwortung für die Qualität seiner Beziehungen übernimmt. Dass du aus jeder Opferrolle herauswächst und erkennst, dass du viel, viel mächtiger bist, als du bisher dachtest.

Schau dich um. Wie viele wirklich gut funktionierende UND lebendige Beziehungen kennst du, die du als inspirierende Vorbilder in Sachen gelebter Liebe bezeichnen würdest?

Bist du selbst ein inspirierendes Vorbild?

Bist du ein Mensch, mit dem du gern dein Leben verbringen würdest?

Bist du offen für lebendige Beziehungen und so richtig attraktiv? Damit meine ich nicht deine körperliche Schönheit, die ist relativ.

Ich meine: Bist du anziehend für das Leben?

Strahlst du aus, dass man in deiner Nähe gestärkt wird, sich entwickeln kann und viel Freude erfährt?

Bist du ein aktiver, kreativer Teil der Lösung?

... oder (noch) einer derjenigen, die es vorziehen, schmollend am Rand zu stehen und zu meckern?

Eine Revolution des Geistes im Namen der Liebe bedeutet, dich für die erstaunliche Tatsache zu öffnen, dass du, ob du willst oder nicht, eine Beziehung zu jedem Wesen auf diesem Planeten hast und dass du die Qualität dieser Beziehung gestalten kannst.

Eine Revolution des Geistes im Namen der Liebe bedeutet, dich für die Möglichkeit zu öffnen, dass du frei wählen kannst.

Zwischen Enge und Großzügigkeit,
Urteil und Offenheit,
Wegrennen / Dichtmachen / Angreifen oder
Stehenbleiben / Fühlen / Dich einlassen.

Du kannst dir und uns das nicht für ein ganzes Leben versprechen. Doch du kannst dich in jedem Augenblick und immer wieder neu dazu entscheiden.

Letztendlich gibt es nur eine Wahl:

Die zwischen Angst und Liebe.

Wie oft du diese Wahl treffen musst?
Tausend Mal und mehr.
Bis zum letzten Atemzug.
Immer wieder.
Immer konsequenter.
Immer radikaler.
Bis du nur noch Liebe bist.

Ich würde dich gern dazu verführen, dich dort, wo du heute lebst, mehr einzulassen. Entzünde eine ehrliche, lebendige, sanfte, wilde, ernsthafte und verspielte Revolution in deinen Beziehungen.

Lebendige, liebevolle Beziehungen sind dein Geburtsrecht.
Deine Beziehungen sind ein Geschenk des Lebens an dich.
Sie sind DIE Möglichkeit, herauszufinden, wozu du fähig bist.

Das Leben hat das Medium Beziehung erschaffen,
damit wir uns die Hand reichen können.
Wir können uns schwächen, verletzen, sogar zerstören.
Doch wir können uns auch gemeinsam erheben.

Menschen sind nicht perfekt.
Aber du kannst ihre natürliche Vollkommenheit entdecken,
wenn du dich wirklich auf sie einlässt.
Sie werden dir ihre Schätze anvertrauen.
Sie werden dich wieder und wieder staunen lassen.
Sie werden dich heilen, inspirieren und lieben,
wenn du dich wirklich auf sie einlässt.

Du erschaffst mich.
Ich erschaffe dich.
Wir erschaffen uns.

Auszug aus „Liebe radikal. Wie deine Beziehungen erblühen, wenn du dich existentiell einlässt"
Veit Lindau

Hast du den Mut zu lieben?

Lieben ist kein Gefühl.
Es ist eine Wahl.
Es ist die Wahl, die Tür zu deinem Herzen offen zu lassen, auch wenn es blutet.
Es ist die Wahl, bewusst das Feuer der Nähe zu suchen. Auch zu Menschen, die deine alten Wunden berühren.
Es ist die Wahl, einfach anzufangen, eine Brücke zu bauen, selbst wenn der Abgrund hoffnungslos weit erscheint.
Es ist die Wahl, Schmerz zu umarmen,
anstatt ihn in Wut und Empörung zu kanalisieren.
Es ist die Wahl, dein Denken zu dehnen, damit dein Geist Andersdenkende willkommen heißen kann.
Es ist die Wahl, liebevoll klare Grenzen zu ziehen,
anstatt aus Angst vor Disharmonie zu allem Ja zu sagen.
Es ist die Wahl, einem fühlenden Herzen einen klaren, ruhigen Verstand an die Seite zu stellen.
Lieben ist die Wahl, dich für die größtmögliche Version von dir zu entscheiden.
... Vergebung als täglichen Lebensstil zu wählen.
... möglichst häufig deinen und meinen menschlichen Unvollkommenheiten mit Milde und Humor zu begegnen.
Lieben ist die Erkenntnis, dass wir beide vielleicht nicht die ganze Welt retten können, aber die Welt eines anderen für einen Moment.
... und zu wissen, dass dieser Moment - jetzt - immer der alles entscheidende ist.

Die Chance

Was ist eine menschliche Beziehung, und warum lohnt es sich, darüber zu schreiben?

Jede deiner Beziehungen ist eine kostbare Chance,
um mehr über dich zu erfahren, als du alleine könntest.
um mehr aufzubauen, als du alleine könntest.
um viel, viel Freude zu generieren.
um dich zu stärken.
um dich zu heilen.
um zu vergeben.
und vor allem: um dich komplett zu verschenken und dich ganz zu finden.

Mit einem anderen Menschen physisch zusammen zu sein, heißt noch nicht, mit ihm echt in Beziehung zu stehen. Vielleicht lasst ihr auch nur eure kleinen, sorgfältig abgesteckten Realitätsinseln nebeneinander schwimmen. Dann liegt der traurige Geruch einer verpassten Gelegenheit in der Luft. Anstatt euch zu erkennen, benutzt ihr euch nur. Eure kleinen Egos reiben sich aneinander, um ein wenig Lust und die Illusion von Sicherheit zu erzeugen. Kennst du auch, oder? So eine Begegnung schmeckt schal. Sie erfüllt uns nicht.

Um die Chance eures Treffens zu nutzen, musst du dich voll einlassen. Wenn du dieses Buch liest, weißt du vermutlich bereits, dass das wehtun kann. Du kannst dabei verletzt, verraten, im Stich gelassen und nicht verstanden werden. Ich weiß, das fühlt sich Sch… an.

Doch wenn du dieses Buch liest, weißt oder ahnst du auch, dass dir dennoch keine andere Wahl bleibt, als dich wieder und wieder, tiefer und tiefer einzulassen.

Warum?

Weil du wissen willst, wer du bist.
Weil dich eine starke Sehnsucht antreibt, das Potential deiner Beziehungen noch stärker auszuloten.
Weil du nicht nur hier bist, um zu überleben, sondern in Würde und Freude die Grenzen deiner Möglichkeiten zu überschreiten.

Was auch immer du gerade in deinen Beziehungen erfährst – es ist noch mehr drin!

Mehr …

Ekstase.

Vertrauen.

Tiefe.

Stille.

Lust.

Kraft.

Freude.

Klarheit.

Einheit.

Schöpfung.

Leichtigkeit.

Vergebung.

Humor.

Es ist noch viel, viel mehr drin.

Vielleicht hast du schon so viel zwischenmenschlichen Mist erlebt, dass du kurz davor bist, aufzugeben. Dann bin ich hier, um dir Mut zu machen. Lebendige Beziehungen sind dein Geburtsrecht!

Gib dich nicht mit dem zufrieden, was unsere Gesellschaft als traurig-mittelmäßige Beziehungsnorm akzeptiert hat. Knack den Jackpot! Er steht dir zu. Du bist kostbar.
Fordere dein Beziehungsglück ein und – kleine, aber wichtige Ergänzung – sei bereit, alles dafür zu geben.

Lass dich ein.

Bis deine Augen leuchten, dein Geist jubiliert, deine Genitalien lustvoll ruhen und dein Herz zufrieden und selig grunzt.

Nicht jede Beziehung ist lebendig, nur weil sie existiert. Manche Beziehungen kosten mehr Kraft, als sie geben. Sie sind eher Ketten an Armen und Beinen als Wind unter den Flügeln. Sie bremsen, anstatt zu fördern.

Lebendige Beziehungen definieren sich nicht über ihre Dauer, sondern über das „Mehr", das ihr miteinander kreiert. Lebendige Beziehungen stärken alle Beteiligten. Sie wirken wie ein wohlwollendes Fruchtwasser, das dein Wachstum anregt und dich zu Höchstleistungen auf vielen Gebieten anregt.

Wusstest du, dass das menschliche Gehirn so konzipiert ist, dass es besonders gut im Verbund arbeitet? Wenn sich Menschen wach und konstruktiv miteinander vernetzen, setzen sie Potentiale in einander frei, die sonst auf ewig schlafen würden.

Deine Beziehung zu einem anderen Menschen ist ein Garten, in dem alle Anwesenden erblühen. Sie sind das Mittel der Wahl, wenn du ein erfülltes, verrückendes, tiefes, lustvolles, befreiendes Leben führen willst.

Wie sieht es mit dir aus?

Willst du viel?

Bist du bereit, dich dafür existentiell einzulassen?

Auszug aus „Liebe radikal. Wie deine Beziehungen erblühen, wenn du dich existentiell einlässt"
Veit Lindau

Zukunftswerkstatt WIR

Wir haben in den letzten 25 Jahren viele tausend Singles, Paare und Teams in ihren Beziehungskrisen und -wünschen begleitet. Natürlich haben wir uns dabei immer wieder die Frage gestellt: Was ist das Geheimnis einer starken Beziehung?

Darauf gibt es keine einfache Antwort, doch einer der Hauptgründe, warum Beziehungen scheitern, ist ganz sicher unser Mangel an Respekt vor ihrem eigentlichen Potential. Verliebtsein ist schön. Sicherheit tut gut. Sex ist geil. Hilfsbereitschaft nährt. Doch das ist lange nicht alles. Ohne dich stressen zu wollen, aber jedes Mal, wenn du einem anderen Menschen begegnest, wird über die Zukunft der Menschheit entschieden.

Um diese Perspektive besser verstehen zu können, möchten wir mit dir kurz in die Vergangenheit reisen. Unsere Art, der Homo sapiens (lat. für „verstehender, verständiger Mensch“), existiert seit mindestens 300.000 Jahren. Wir wissen über die ersten 200.000 Jahre unserer Geschichte fast nichts. Doch vor ca. 90.000 bis 70.000 Jahren fand ein erstaunlicher Sprung in unserer Entwicklung statt, dessen Ursachen bis heute nicht vollständig geklärt sind. Wir entwickelten damals ungewöhnlich schnell viele neue Fähigkeiten:

- Lernvermögen, Gedächtnis, Kommunikationsskills steigerten sich.
- Die Fähigkeit, sich in größeren Gruppen zu organisieren.
- Erste Anzeichen von Kunst und Spiritualität – Malereien, Schmuck, Grabrituale – tauchen auf und weisen auf ein neues Abstraktionsvermögen hin.

Was auch immer es war, der Homo Sapiens veränderte sich in dieser relativ kurzen Zeitspanne drastisch. Eine der gängigsten Theorien unter Anthropologen und Gehirnforschern geht davon aus, dass ein entscheidendes Medium für diesen großen Entwicklungsschub verantwortlich war – die Ausprägung der menschlichen Sprache. Diesen Sprung im Bewusstsein kann man gar nicht stark genug hervorheben. Kommunikation ist eben viel, viel mehr als das Benutzen von Worten. Sprache prägt unsere Wahrnehmung der Realität entscheidend. Andere Tiere kommunizieren auch, doch dabei geht es, soweit wir wissen, fast immer um die Gegenwart. Sie reflektieren, was *jetzt* ist – Futter, Gefahr, Sex ...

Warum auch immer – unsere Gehirne kamen damals auf den Dreh, mit sich selbst abstrakter zu kommunizieren – über bereits vergangene und eventuell noch stattfindende Dinge. Gleichzeitig lernten wir, uns mit dieser erstaunlichen Fähigkeit neu im Verbund mit anderen Menschen zu vernetzen.

Plötzlich konnten wir uns Geschichten erzählen. Über das, was gestern war. Was Menschen, die gerade nicht am Platz waren, getan hatten und was wir darüber empfinden. In unserem Bedürfnis, die Welt zu verstehen, begannen wir, die ersten Legenden und Götter zu erfinden. Diese Mythen waren nicht nur Märchen. Weil wir an sie glaubten, beeinflussten sie, was wir sahen und wie wir handelten. Wir teilten sie mit unserer Sippe, gaben sie von Generation zu Generation weiter und passten sie im Laufe der Jahrtausende immer wieder an. Sie wurden zur geistigen DNA der Menschheit. Denn genau wie unsere physischen Gene dafür sorgen, dass unsere Körper ähnliche Ohren, Augen und einen Mund hervorbrachten, entscheiden die Mythen, an die wir glauben, darüber, was wir sehen und hören, wie wir darüber denken, sprechen und dementsprechend handeln.

Willst du wissen, was in deinem Leben ein Mythos ist? Ganz einfach: Alles, woran du glaubst. Alles, was du in Gedanken fasst, kann niemals die absolute Wahrheit darstellen, sondern immer nur deine verzerrte Abstraktion davon. Dein Glaube legt sich wie der Filter einer starken Sonnenbrille zwischen dein Erleben und die Wirklichkeit. Du gibst deinen Glauben – bewusst oder unbewusst – in jedem Gespräch wie ein Virus an andere weiter. Deine Überzeugungen werden gemästet, wenn du sie denkst oder über sie sprichst.
So ist deine Kommunikation niemals neutral.
Sie stärkt oder schwächt.
Sie öffnet in Liebe oder trennt in Angst.
Und sie erschafft. Immer.

Gemeinsam erschaffen wir durch unsere Begegnungen unsichtbare, aber mächtig wirksame geistige Felder. Diese prägen unsere Wahrnehmung, Gefühle, Verhalten und so auch die Qualität unserer Beziehungen. Was die meisten Menschen verpassen, ist der Moment der Wahl im Gespräch, in dem wir innehalten und uns sehr wach fragen könnten:

Woran möchte ich gerade glauben?

Unabhängig von dem, was mir die Welt bis jetzt als möglich vorgegaukelt hat?

Welchem Wert soll diese Beziehung dienen?

Welche Vision möchte durch diese Begegnung manifestieren?

Was ist unser gemeinsames, heiliges Anliegen, welches uns über das abgedroschene Geschwätz unserer Egos erheben kann?

Wann ist dieser Moment?
Jetzt. Immer wieder jetzt.
Diese Wahlmöglichkeit mitten in einem eingeschlafenen Gespräch oder einem Streit ist die große Gnade, die Lücke im Spiel.

Du kannst dich dieser schöpferischen Verantwortung nicht entziehen, auch wenn du versuchst, sie zu ignorieren. Solange du kommunizierst, erschaffst du. All deine Gedanken und Handlungen gehen in den großen Mythos der Menschheit ein und beeinflussen, ob und wie deine Enkel und Urenkel die Welt erfahren werden.

Lass dich nicht von dem giftigen Gedanken lähmen: „Einer allein kann doch nichts verändern." Die Revolutionen der Menschheit wurden nicht von Superheld*innen ausgelöst, sondern von Menschen, die sich das Recht herausnahmen, einen neuen, kühnen Gedanken zu formen und ihm ihre Kraft durch Wort und Tat zu verleihen. Wir stehen an einer brenzligen und zugleich aufregend potenten Entwicklungsschwelle. Wohl noch nie war die Menschheit als Ganzes, aber auch jede*r Einzelne herausgefordert, so radikal zu hinterfragen, woran wir glauben und worauf wir unsere Zukunft bauen wollen. Viele alte Paradigmen bröckeln, haben ausgedient.

Das Konzept der Kleinfamilie …

Unser bestehendes Bildungssystem …

Wie wir wirtschaften …

Starre, dogmatische Religionen …

Unser Grundverständnis von Heimat und Nation …

Rollenverteilungen von Frau und Mann …

Vielleicht ist es nicht auf den ersten Blick ersichtlich. Doch wenn du anderen begegnest, am Frühstückstisch, im Office, im Bett… kommen nicht nur eure Körper zusammen. Jeder Mensch ist an ein unsichtbares Feld an Überzeugungen, Werte, Regeln angedockt. Bewusstseinsforscher nennen diese Felder *Meme.* Sie prägen unsere Sicht auf die Welt, was wir für möglich und unmöglich halten, unser Verhalten, wie wir Beziehungen gestalten … einfach alles. Meme werden aus den Gedanken und Erfahrungen deiner Vorfahren, den Paradigmen der Gesellschaft und natürlich all deinen abgelegten Überzeugungen gewoben. Wer sein Bewusstsein in diesen alten Spuren parkt, käut in seinen zwischenmenschlichen Begegnungen einfach nur alte Geschichten wieder und merkt es wahrscheinlich nicht einmal. Doch jede Beziehung deines Lebens – egal wie kurz oder lang sie währt – bietet euch die Chance, neue Realitäten zu gebären.

Was es braucht, ist ein respektvolles Erkennen und Annehmen deiner schöpferischen Macht. Wenn du smart bist, entziehst du den verstaubten Dramen ihre Kraft, indem du gemeinsam mit deinen Mitmenschen neue Mythen als Visionen erschaffst und dann in die Realität hinein manifestierst.

Jeder einzelne Tag deines Lebens gibt dir die Chance, neu zu wählen:

Wie definierst du eine lebendige Beziehung?

An welchen Qualitäten möchtest du euer Zusammensein messen?

Was für eine Frau oder ein Mann willst du sein?

Was willst du heute deine Kids lehren?

Werdet ihr heute in eurem Unternehmen schuften, arbeiten, erschaffen?

Soll Deutschland weltoffener, toleranter oder wieder verschlossener und nationalistischer werden?

Was ist das gemeinsame, erhebende Anliegen deiner wichtigsten Beziehungen?

Unsere eigene Liebesbeziehung begann erst wirklich, als wir nach unzähligen Streits und Phasen der Ödnis realisierten, dass wir die Dramen vergangener Generationen wiederholten. Wir fassten einen kühnen Entschluss – nämlich prinzipiell alles für möglich zu halten und eine uns beide inspirierende Vision unserer Partnerschaft zu entwerfen. Was wir damals aufschrieben, kam uns wie pure Utopie vor. Wir kannten kein solches Paar. Doch wir wussten: Wenn wir schon unsere kostbare Lebenszeit miteinander verbringen, muss es rocken. Also setzten wir alles auf unsere Vision. Circa zehn Jahre später war alles, was wir uns vorgenommen hatten, manifestiert. Nur noch besser. Wir lernten daraus: Das, was wir heute leben, ist niemals das Ende, sondern immer erst der Anfang unserer Möglichkeiten.

Also nutzen wir auch heute, nach 25 Jahren unsere Ehe als einen täglichen Inkubator für noch schlummernde Potentiale. Auf unserer gegenwärtigen Vision für unsere Beziehung stehen gegenwärtig Ziele wie:

Jeden Tag neu verliebt ineinander. Vollständig und permanent erfahrenes EinsSein zwischen uns und mit allem. Telepathie und bedingungslose Liebe. Und die kreative, harmonische Vereinigung von Liebes- und Businessbeziehung.

Jeder Mensch, also auch du, ist eingeladen, sich irgendwann radikal der Frage zu stellen:

Was mache ich hier eigentlich in meinen Beziehungen? Womit verbringe ich meine unbezahlbar kostbare Lebenszeit? Will ich Zeit totschlagen? Suche ich eine sichere Nummer? Oder will ich alle wichtigen Beziehungen in evolutionäre Forschungs- und Stärkungsfelder verwandeln?

Das alles ist möglich. Nicht durch ein Wunder, sondern deine Wahl. Die Wahl, dich und die schöpferische Macht von Kommunikation ernst zu nehmen.
Du bist wichtig. Die nächste Seite deiner und unserer Geschichte wird dort aufgeschlagen, wo du heute lebst.

Die Geschichte der Menschheit passiert nicht einfach so. Wir erschaffen sie miteinander. Zum Beispiel, indem wir dir diesen Artikel schreiben und durch die Weise, ob und wie er dich inspiriert. Buckminster Fuller schrieb einmal: „Wir sind die Kapitäne des Raumschiffes Erde." Wir, das sind nicht irgendwelche Regierungen oder Heilige. Wir, das bist du. Das sind wir. Noch torkelt das Raumschiff, weil die wenigsten seiner Insassen begriffen haben, dass sie heute Morgen aufgestanden sind, um es bewusst zu steuern. Je mehr Menschen diese ihnen innewohnende Power erkennen, desto wahrscheinlicher werden wir miteinander eine völlig neue Form der Beziehung erlernen – die bewusste Ko-Kreation von vielen starken ICHs in einem starken WIR.

Dann werden die Spinner die Normalen sein und Liebe die natürliche Tagesordnung.

Warte nicht auf die anderen. Es beginnt mit dir. Lass dich von den Zynikern und Frustrierten nicht bremsen. Bring gute Fragen und starke Visionen in deine Netzwerke. Sei ein inspirierender Lichtbringer.

Kommunikation ist der Schlüssel. Bring all deinen Beziehungen Vergebung und Freude, Frieden und Lust am Erschaffen.

Lebendige Beziehungen sind Felder, in denen alle Beteiligten erblühen.
In lebendigen Beziehungen ist Liebe keine Utopie, sondern die unvermeidbare Zukunft.
Und wenn wir bereit sind, auch unsere Gegenwart.

Auszug aus „Königin und Samurai" Andrea und Veit Lindau

Die Boten deines Lebens

Es gibt Menschen in deinem Leben, die fordern dich heraus, deine Komfortzone zu verlassen. Indem sie an dich glauben. Indem sie dich lieben. Manche aber auch, indem sie schmerzhaft anders sind als du. Indem sie deine Grenze überschreiten, deine Knöpfe drücken, deinen schlimmsten Selbstzweifel, deine dunkelste Angst an die Oberfläche holen.

Gut so.

Sie sind nicht deine Feinde. Sie sind die Boten einer freieren Version von dir. Irgendwann vor langer Zeit hast du sie gerufen, weil du wissen wolltest, wie groß du wirklich bist.

Beobachtungen eines Mannes

Ich glaube, dass sich viele Frauen in unserer Welt extrem tapfer verhalten, Außerordentliches leisten und dabei leider oft gegen ihre ureigene, weibliche Natur angehen.
Wie kann es auch anders sein. Denn noch werden in unserer Gesellschaft wesentlich stärker männlich geprägte Werte und Erfolge honoriert.
Ich nehme eine tiefe Erschöpfung in vielen Frauen wahr.
Wir brauchen mehr Räume, Zeiten, Systeme, in denen das beschützt, geehrt, gefeiert wird, was ich als weibliche Qualitäten bezeichnen würde.

Empfangen, Teilen, Einfachhiersein, Sinnlichkeit, Schönheit ohne Zweck, Lieben, Heilen ...

Ich beobachte es an meiner eigenen Frau. Je mehr es mir gelingt, ihr den Raum für ihre natürliche Entfaltung zu lassen,
ihr das Gefühl zu geben, dass ich sie genauso liebe, wie sie ist, desto mehr überrascht und lehrt sie mich.

Zum Beispiel, was wahre Schönheit und was wirklich wesentlich ist.
Ihr dabei zuzuschauen, wie sie erblüht und immer mehr ausstrahlt, was wahrscheinlich bereits die ganze Zeit da gewesen ist, macht mich glücklich und lässt mich immer wieder neu in sie verlieben.

Eine starke Frau macht den Mann an ihrer Seite nicht klein. Sie hilft ihm, seine Kräfte auszubalancieren und für etwas SINNvolles einzusetzen.

Und bevor jetzt eine große Gender-Diskussion ausbricht: Natürlich sind die von mir beschriebenen weiblichen Qualitäten in jedem von uns angelegt - wie auch anders herum.
Doch was für eine Welt können wir miteinander kreieren, wenn wir sie mehr ehren und fördern. Das beginnt nicht bei der Umstrukturierung eines ganzen Systems. Darauf können wir lange warten. Sondern bei dir und bei mir. Heute.

In all den kleinen Momenten, in denen wir den Menschen, mit denen wir zusammenleben,
das Gefühl geben, dass sie mit uns sicher sind,
indem wir ihre Schönheit anerkennen,
indem wir das, was nicht mit Geld bezahlt werden kann,
mit unserer freundlichen Aufmerksamkeit ehren.

Neben einer starken Frau

Neben einer starken Frau zu leben ist eine wundervolle und zugleich alles herausfordernde Erfahrung. Sie bringt nicht nur Wärme, sondern auch das Feuer. Sie ist nicht nur Kelch, sondern auch das Schwert. Sie dient dir selbstverständlich und ist zugleich eine stolze Königin, die respektiert werden will. Sie ist nicht nur sanfte Geliebte, sondern auch ein wilder Samurai.

Sie fördert und fordert dich. Sie lässt dich frei und ist dir gleichzeitig näher als nah. Sie tritt dir auf die Füße, wenn du einschläfst. Sie feiert jeden deiner Schritte in deine wahre Größe, denn sie will dich nicht klein, sondern so stark und wach wie möglich an ihrer Seite wissen. Sie kommt in dein Leben, wenn du bereit bist, all deine Konzepte auf den Prüfstein der Echtheit zu legen. Wenn du mutig und verletzlich genug bist, um deine eigene, dunkle, mysteriöse Anima zu umarmen. Wenn du nicht mehr nur kämpfen, sondern auch lieben lernen willst.

Es ist eine atemberaubende, elektrisierende Erfahrung, neben einer starken Frau zu leben.

Neben einem starken Mann

Neben einem starken Mann musst du sehr genau wissen, wer du selbst bist und was du willst.
Sonst wirst du immense Eifersucht fühlen, denn er wird seine Mission im Herzen immer über eure Beziehung stellen.
Das bedeutet nicht, dass er wie ein kleiner Junge ohne Rücksicht auf Verluste „sein" Ding durchzieht.
Er hat etwas gefunden, was ihm heilig ist, was ihn ganz macht, wofür er hier ist.
Er wird den Auftrag, für den er gekommen ist, nicht für deine Bedürftigkeit verraten.
Er ahnt, dass es eine konstante Herausforderung sein wird, seinem Pfad treu zu sein und deshalb sucht er eine ebenbürtige Gefährtin.
Er will nicht primär glücklich sein. Er will erwachen. Du auch?
Er kann warten. Er kann gut zuhören. Doch es wird ihm nicht reichen, wenn du über dein Herz und deine Gefühle sprichst.
Er sucht nach einer Kameradin, mit der er nicht nur leidenschaftlich vögeln und tief lieben, sondern sich geistig emporschwingen kann.
Wenn er von seinem Zuhause spricht, wird er manchmal etwas anderes meinen als eure Familie. Etwas Größeres. Etwas jenseits aller Form. Wenn du dies respektieren kannst, weil du selbst als Königin in dir ruhst, wird er sich eurer Beziehung in einer Weise hingeben, die alle deine Wunden durch das männliche Prinzip heilt. Er wird euer WIR achten und beschützen, denn eure Liebe füreinander ist das reinigende Feuer für seine Seele.
Sie ist der Tempel, in dem er sich endlich traut, alle Rüstung abzulegen, um wirklich stark zu sein.
Sie ist die Übungsmatte, auf der er lernt, sein Schwert für den Frieden einzusetzen.

Wenn du ihm eine ebenbürtige Königin bist, die ihn nicht fesseln, sondern feiern will, dann kannst du ihn lehren, die Königreiche, die ihm anvertraut wurden (eure Familie, sein Unternehmen, sein Land, seine Erde), nicht mehr auszubeuten oder verwaisen zu lassen, sondern sie schöner zu hinterlassen, wenn er irgendwann einmal geht.
Du wirst die süßesten, wildesten und stillsten Momente mit ihm kosten – ein heißer Schmelztiegel einer so existentiellen Nähe, die euch beide für immer transformiert.

Doch du wirst auch immer wieder einsam neben ihm sein, denn so wie du in geheimen, inneren Tempeln tanzt, die ihm verwehrt sind, wird er manchmal auf Reisen gehen. Wege, die er allein antreten muss. Die er nicht erklären kann noch will.

Wenn du diese Stunden der Einsamkeit bejahst, werden sie zu Medizin. Sie erlöst dich aus dem Wahn der Suche. Sie heilt deinen tiefsten Schmerz der Trennung – von dir selbst. Der Blick deines Herzens – nun frei – sinkt nach innen und findet alles in dir.

Du brauchst keinen starken Mann neben dir, um glücklich zu sein. Aber wenn du frei sein willst, ist er das beste Holz für den Scheiterhaufen deiner Illusionen.

Und neben aller Beziehungsarbeit, die wahrscheinlich auf euch wartet, ist es eine solche Freude mit ihm den Tanz der Götter aus den ewigen Hallen hierher in euren Alltag zu holen.

Kinder

Wir behandeln Kinder viel zu oft wie Objekte, wie Lückenfüller für all das, was wir in unserem Leben nicht erreicht haben. Doch sie sind feinsinnige Wesen, die aus sich heraus leben wollen und müssen.
Wenn wir glauben, wir wären ihre Lehrer, geben wir unsere Begrenzung wie einen Virus an sie weiter.
Doch wir sind lediglich für eine gewisse Zeit ihre Hüter.
Wenn du ihnen lauschst, lehren sie dich.
Denn sie kommen meist zu einer Zeit in unser Leben, wenn wir kurz davor sind, unsere eigenen Träume für immer zu vergessen.

Wenn wir uns ihnen öffnen,
erinnern sie uns an das, was wir auch einmal waren und im Herzen noch sich – zauberhafte, staunende, kreative Genies.

Sie enttarnen unsere Lügen.
Sie decken mit ihrem klaren Blick und der noch ungefilterterten Ehrlichkeit schmerzhaft hell und klar die Lücke zwischen dem Schein und dem Sein in unserem Leben auf.
Sie erinnern uns, dass immer viel, viel mehr möglich ist als das, was wir glauben.
Sie sind der zauberhafte und manchmal nervende Beweis, dass sich das Leben nicht in Konzepte sperren lässt.
Sie treiben mit einem Lächeln die Bitterkeit aus unserem Herzen.
Sie erschüttern mit einer unschuldigen Frage den Sockel unserer Vernunft.
Ihre kleine, zarte Hand in unserer Pranke sprengt in Sekunden Schutzpanzer, die wir über Jahrzehnte aufgebaut haben.

Egal, wie sehr wir an uns selbst zweifeln – unsere Kinder glauben an uns. Wenn wir uns auf sie einlassen, zeigen sie uns, wie bis eben noch unvorstellbar tief wir lieben können.
Wenn wir uns der Begegnung mit ihnen hingeben, spüren wir, wie zart wir sind und dass wir eigentlich nie etwas bekommen, sondern immer nur geben möchten.

Kinder appellieren an das Gute, Wahre und Schöne in uns.
Wenn wir es ihnen schenken,
werden wir erkennen, dass sie uns gerettet haben.

Genau im richtigen Moment.
Denn sie kommen nicht aus uns.
Sie kommen aus der Zukunft.

Liebe & Freiheit

Gestern bin ich in einem Interview gefragt worden, ob und wie sich Liebe und Freiheit bedingen.
Sie bedingen sich nicht. Sie sind eins. Genau wie du das Licht eines offenen Feuers nicht von seiner Wärme trennen kannst.
Ein unfreier Mensch verwechselt eine Beziehung mit einer ganz bestimmten festen Form der Beziehung. Doch du kannst einem Menschen auf der anderen Seite der Erde wesentlich näher sein, als dem, der neben dir im Bett liegt.
Ein freier Mensch verfügt über die innere Stärke, die äußere Form der Beziehung dem Wachstum und der Entwicklung aller Beteiligten anzupassen.

Nur ein freier Mensch kann lieben.

Nur ein liebender Mensch ist frei.

Nur ein freier Mensch ist mutig genug, sich voll lieben zu lassen.

Freiheit bedeutet nicht, alles zu tun, was dein Ego will. Das ist nicht frei, das ist Kindergarten.
Es bedeutet, dir zu gestatten, alles zu denken und zu fühlen und dann aus der Liebe und dem Bewusstsein um deine Werte heraus die würdevollste Wahl zu treffen.
Freiheit bedeutet auch nicht, dem anderen alles gestatten zu tun, sondern alles zu sein. Das ist ein großer Unterschied.
Erst wenn der Mensch neben dir alles denken und fühlen kann, was in ihm ankommt, hat er die Freiheit, sich aus Liebe für dich zu entscheiden.

Deine Freiheit beinhaltet auch dein Recht, dem anderen eine klare Grenze zu setzen bzw. ihn aus deiner Realität zu entlassen, wenn er andere Werte als Fundament für sein Leben wählt.

Du ahnst es sicher schon – Freiheit ist nicht bequem.

Wenn du in einem unbedachten Gebet nach ihr rufst, schreib es dir in deinen Kalender. Denn wir haben die Angewohnheit, es zu vergessen und wenn unser Gebet beantwortet wird, nicht mehr zu wissen, dass wir darum baten.

Freiheit klopft nicht an. Sie stürmt ungefragt in deine Komfortzone herein. Meist, wenn es dir gerade gar nicht in den Kram passt. Sie ist nicht daran interessiert, dein kleines Ich zu pudern und zu parfümieren. Sie will es sterben lassen. Immer wieder. Schicht für Schicht. Um zu dem Wesen vorzudringen, was du wirklich bist.

Dieser Weg ist in seiner Unerträglichkeit nur deshalb erträglich und auch wunderschön, weil dich jedes Mal, wenn dich die Freiheit aus dem alten Nest kickt, die Liebe wieder auffangen wird. Sie ist das einzige und wahre Sicherheitsnetz der liebenden Freigeister.

ent-Täuschung

Manchmal müssen wir,
um wahrhaftig zu bleiben
andere Menschen ent-Täuschen.
Bewusst im Feuer ihrer Ablehnung zu stehen,
d.h. alles zu fühlen und dennoch unseren Werten treu zu bleiben,
wird uns helfen,
noch tiefer herauszufinden,
wer wir wirklich sind.

Liebe ist nichts für Weicheier

Liebe ist nichts für Weicheier.
Denn wenn du sie rufst, wird sie kommen.
Sie wird dich meilenweit aus deiner Komfortzone locken,
dich in einen Narren verwandeln,
dir immer und immer wieder zeigen,
wie verletzbar und nichtwissend du bist.
Sie wird zielsicher den Finger in deine älteste Wunde legen,
dein Rechthaben kosten und immer dann, wenn du denkst,
du hast alles gegeben, wird sie dir zeigen, dass du immer noch etwas zurückgehalten hast.
Wenn die Liebe, nach der du gerufen hast, tatsächlich kommt, wird sie einfach mit einem stillen Lächeln bitten und du wirst alles für sie tun.
Gerade, weil sie nicht gegen dich kämpft und nichts von dir fordert, kannst du ihr nicht widerstehen.
Dein Kopf schreit „Bist du wahnsinnig!", während du zuerst deinen Panzer, dann deine Kleidung und letztlich auch dein Ego ausziehst und vor ihr niederlegst. Bis deine Seele nackt vor ihrem lodernden Feuer steht.
Warum solltest du dich darauf einlassen?
Weil du erst dann, wenn du alles losgelassen hast, erkennen wirst, worin dein wahrer Reichtum besteht.
Das ist Gnade.
Das ist das Geschenk der Liebe.
Dafür lohnt es sich, nackt immer näher an dieses Feuer zu rücken.
Vergiss nur nicht, dass du es selbst angezündet hast,
als du waghalsig nach der Liebe riefst.

Du kannst tausend Mal in Gedichten und Schriften davon gelesen haben. Deine Freunde, deine Lehrer flüstern dir wohlmeinend zu. In diesem Moment – wenn sich dein Gebet erfüllt – bist du allein. Und niemand kann berichten von dem, was mit dir nach diesem letzten Schritt ins Feuer passiert.
Du wirst versuchen, dafür Worte zu finden und doch nur stammeln.

Sorge dich nicht.
Deine leuchtenden Augen werden Lieder singen, von einer Seele, die geöffnet wurde.

Alle in dir

Du triffst in deinen Liebesbeziehungen niemals allein auf den anderen. Du nimmst all deine Ahnen mit in den Ring. Die, die dich noch direkt beeinflussten, aber auch die, die du nicht mehr kanntest. Ihre ungeklärten Themen, ihre offenen Fragen und ihre besonderen Stärken schwingen mit. Doch damit nicht genug.

In jedem Mann und jeder Frau wirken kollektive Felder und archetypische Kräfte. Jahrtausendealte Erfahrungen, Wunden, Sehnsüchte drängen an die Oberfläche. Diese Sicht mag vielleicht nicht all deine Probleme in Beziehungen lösen. Doch vielleicht schenkt sie dir Versöhnung und mehr Gelassenheit, wenn du oder dein Partner es wieder einmal „versaut" haben. Die Last der Verantwortung ist nicht nur eure persönliche. Und gleichzeitig - paradoxerweise - offenbart dir dieser Blickwinkel eine neue Form der Verantwortung. Denn es geht nie nur um *deine* Wünsche.

Da, wo du atmest, lebst, liebst und kämpfst, werden universelle Fragen entschieden: „Gibt es die Liebe? Und wenn ja, was ist mächtiger: die Liebe oder die Angst?"

Du bist wichtig.

Dein Leben wirkt.

Es heilt die Vergangenheit.

Es verändert die Zukunft.

Die Liebe und das Meer

Egal, was für eine Welle wir in unserem Leben gemacht haben ... eine große, auffällige ... eine kleine, stille ... eine Politiker-, Ärztin- oder Bäckerwelle ...
.... ob wir die anderen Wellen in ihrer Unterschiedlichkeit geehrt, belacht oder bekämpft haben ...
... am Ende sinkt jede Welle wieder in das *eine* Meer zurück.

Um *jetzt* und *hier* gelassen zu leben, macht es Sinn, nicht auf diesen letzten Augenblick der hinGabe zu warten, sondern diesen unbegrenzten, so mächtigen, weil stillen, Ozean heute bereits in uns zu finden und immer wieder bewusst einzutauchen.

Hier gibt es keine Fehler, keine Urteile, keine Trennung.
Hier warten Stille, Einheit, Frieden auf dich – egal, an was du glaubst.
Hier - unter der glitzernden Oberfläche der Millionen Erscheinungen – kannst du allen anderen Wellen offen begegnen und sie verstehen.

Hier sind wir eins.

Der heilige Grund

Wenn ihr herausfinden wollt, wozu ihr als Paar, Familie oder Team fähig seid, findet euren gemeinsamen heiligen Grund.

Wofür lebt und brennt jeder einzelne von euch?

Und was ist eure gemeinsame heilige Schnittmenge?

Wofür seid ihr wirklich-wirklich zusammengekommen?

Beziehungen ohne heiligen Grund machen Spaß, bis sie dem Kleinkrieg der beteiligten Egos zum Opfer fallen. Sie versanden in Langeweile, pennen in Bequemlichkeit ein oder bluten im Rechthaben aus. Sie gleichen durchaus achtenswerten und doch relativ begrenzten Zweckkooperationen mehrerer Fleischklöpschen zur besseren Verwaltung ihres Alltags.

Beziehungen mit einem heiligen Grund können sich über die Ebene des Egos erheben. Der heilige Grund ist der Polarstern, an dem ihr euch in jeder Nacht der Seele ausrichten könnt. Er ist die geheime Droge, die euch über euch selbst lachen lässt.
Das Zentrum im Sturm.
Das Feuer, um das ihr tanzt.
Der Schlüssel zu bisher verborgenen Potentialen.

Brauchst du noch mehr Bilder? Oder kriegst du es?
Beziehungen mit einem gemeinsamen heiligen Grund rocken. Sie knallen dir sanft die Schädeldecke weg und lassen dich wieder und wieder erstaunt beobachten, was alles zwischen Menschen geht.

Wenn du mich fragst, sind Beziehungen mit einem heiligen Grund einer der besten Gründe, um zu inkarnieren.

Sie verbrennen deinen Stuss.
Sie entfesseln dein Potential.
Sie führen dich nach Hause.

Lohnt sich.

Wer hat Angst vor Kernfusion?

Es gibt prinzipiell drei Level von Beziehungen, die sich gut mit bestimmten Kategorien chemischer Reaktionen vergleichen lassen. Achtung! Schamlos laienhafte Erklärung folgt …

Einfache Anziehung & Abstoßung zwischen Atomen
Ihr reibt euch ein bisschen aneinander, dann geht jeder unverändert seinen Weg.

Die chemische Grundreaktion
Eine chemische Reaktion ist ein Vorgang, bei dem eine oder meist mehrere chemische Verbindungen in andere umgewandelt werden und Energie freigesetzt oder aufgenommen wird. Wasserstoff und Sauerstoff binden sich und daraus entsteht Wasser. Erna und Otto heiraten und so wird aus zwei Singles ein Paar. Diese Bindung bringt also eine neue Struktur hervor, die andere bestenfalls sogar trinken (genießen) können. Also ein erheblicher Mehrwert. Doch im Kern bleiben die Sauerstoff- und die Wasserstoff-Atome immer noch das, was sie sind. Das bemerken sie spätestens bei einer Scheidung.

Achtung, Kernfusion!
Ganz anders bei der Kernfusion. Dies ist eine Kernreaktion, bei der zwei Atomkerne zu einem neuen Kern verschmelzen. Das heißt, sie hören auf, in ihrer ursprünglichen Form zu existieren und kehren auch nie wieder dahin zurück. Bei einer Kernfusion wird eine enorme Menge Energie freigesetzt, von der im besten Fall viele andere Wesen etwas haben. Die Sonne ist ein gutes Beispiel dafür oder Jesus und Magdalena oder Yoko Ono und John Lennon.

Wenn wir Zeuge einer Kernfusion in Form einer Liebesbeziehung werden, könnten wir versucht sein, uns dasselbe naiv für uns zu wünschen. Das ist verständlich, denn wir werden nur herausfinden, wer wir wirklich sind, wenn wir unsere Egos wegschmelzen lassen.

Doch wer will das schon im großen Zeitalter des liberalen Individualismus?!

Nicht jede Beziehung, die an der Oberfläche laut und emotional verläuft, verändert die Beteiligten.

Kernfusion kann sehr still stattfinden.
Kernfusion ist nicht nett. Nicht dramatisch.
Sie ist radikal.
Sie setzt deine volle Leuchtkraft frei.
Sie bringt dich nach Hause.
Doch auf dem Weg dahin kostet sie dich alles.

Also wähle weise.
Und dann ruf deinen Wunsch ins All …

Der Kampf der Regenwürmer

Eines Tages bohrten sich zwei Regenwürmer mit einem ihrer Enden aus der Erde und stießen dabei aneinander.

Sie begannen erbittert zu streiten, wer wen angegriffen habe und wer wohl zuerst hier gewesen sei.

Dann verliebten sie sich ineinander und hingen wie verzückte Saugnäpfe aneinander.

Später langweilten sie sich miteinander und machten sich gegenseitig Vorwürfe, der andere entwickle sich nicht schnell genug und würde so ihren eigenen Fortschritt ausbremsen.

Danach zofften sie sich wieder.

So ging das eine ganze Weile, bis sie, um sich besser kennen zu lernen, beschlossen, ganz aus der Erde heraus zu kommen.

Als sie sich zum ersten Male vollständig sahen, wurden sie vor Staunen stumm. Denn sie erkannten, dass sie die beiden Enden ein und desselben Regenwurmes waren.

Die zwei wichtigsten Währungen

Lange Zeit galt der Mensch als das intelligenteste Wesen dieses Planeten. Es sei noch dahingestellt, ob dies auch so war. Aber ganz sicher werden wir jetzt gerade überholt – von Maschinen. Viele von uns träumen noch. Es ist Zeit, aufzuwachen und sich so genau und nüchtern wie möglich anzuschauen, was gerade auf der Erde passiert. Wir haben den Wettlauf um Intelligenz und auch um Effektivität verloren.

Entwicklung lässt sich nicht zurückdrehen. Doch wir müssen uns – individuell und kollektiv – so gründlich und radikal ehrlich wie noch nie fragen:

Wie soll die Zukunft unseres Planeten aussehen?
Was wird die Aufgabe des Menschen in dieser Zukunft sein?

Hier kommt ein Vorschlag: Wenn wir nicht die Schlauesten sein können, wenn wir demnächst nicht mehr zum Arbeiten gebraucht werden, lass uns so *bewusst* und *liebevoll* wie möglich sein. Lass uns ab heute nicht mehr vorrangig in Wachstum, sondern in *Bewusstsein* und *Beziehungen* investieren.

Vielleicht sind wir fähig, lieben zu lernen – und die Gemeinschaft der anderen Wesen entscheidet, dass wir deshalb nicht mehr gefürchtet, sondern höchst willkommen sind.

Was, wenn die guten, wachen, an Lösung und Miteinander interessierten Menschen dieser Welt sich länderübergreifend verbinden würden?

Was, wenn sie ihre eigene Republik gründen würden, um digital und live miteinander Freude, Respekt und Vertrauen zu generieren? Wenn sie sich auf der Basis von echter Co-Creation individuell und gemeinsam schneller und ganzheitlicher weiter entwickeln und diesen Reichtum mit der Welt teilen würden? Nur eine Utopie?

Finden wir es gemeinsam heraus.

Am 31.12.2018, Mitternacht, ist es so weit.
https://veitlindau.com/homodea/

Der lächelnde Weltenbummler

Dein Morgen

Wie bist du heute morgen aufgestanden?
Wie hast du dich auf das heutige Abenteuer vorbereitet?
Ich starte meist mit 20 Minuten Sitzen in Stille oder ich tanze mit geschlossenen Augen zu meiner Lieblingsmusik. Beides hilft mir, mich von Beginn an daran zu erinnern, dass DIESER Tag mein Leben ist. Dass sich heute alles entscheidet. Dass ich nicht gestern und auch nicht morgen, sondern immer nur heute die Chance habe, meine Aufmerksamkeit dem zu widmen, was WESENtlich ist.

Die äußere Welt bietet uns tausende Optionen in einem irre schnellen Rhythmus an. Nicht jede Tür, durch die du gerufen wirst, ist deine. Lass dich nicht verrückt machen. Sammle dich in dir. Jeden Tag. Wie ein sanfter Krieger, eine in sich zentrierte Kriegerin.

Und wenn du dich wieder einmal verrannt hast?

Richte dich nicht.
Vergib dir.
Beginne neu.

Heute, immer wieder heute, ist deine Chance, frisch zu starten.
Gestern war ein Scheißtag? Na und?!
Heute (jetzt gerade) will das gesamte Universum von dir wissen, was du wirklich-wirklich willst. Du musst dafür nicht dämlich grinsen. Du musst nicht so tun, als wenn du unerschütterlich

stark wärest. Sei einfach echt und sei klar. Und wenn es ein Atemzug, ein Gebet, ein Schritt ist, den du den Werten widmest, die für dich ein gutes Leben ausmachen.
Glaub mir, am Ende machen diese leisen, jedoch kontinuierlichen Impulse *den* Unterschied.

Sei es dir selbst wert.
Steh *gut* auf.

Ich wünsche dir einen kraftvollen und wesentlichen Tag.

JA

Es macht keinen Sinn, dem, was du gerade erfährst,
mit einem NEIN zu begegnen.
Denn es ist bereits da.
Dein JA verändert alles.

Es bedeutet nicht, das, was da ist,
für alle Zeiten zu akzeptieren.
Es bedeutet,
der Erfahrung mit Neugier und Offenheit zu begegnen.

Dein JA setzt den Wert einer Erfahrung frei. Es erlaubt deinem überaus intelligenten und selbstheilenden Bewusstsein, sich mit der Erfahrung dieses Moments von innen heraus zu beschäftigen, anstatt sie skeptisch, ängstlich, widerwillig von außen zu betrachten.

Wenn dein Bewusstsein voll in eine Erfahrung einströmt, verändert sie sich. Sie entwickelt sich weiter. Sie legt ihr Licht frei.

Zu allem, was eh schon da ist, JA zu sagen,
ist eine überaus smarte Wahl.

Jetzt

… und weil du wieder Fehler machen, einschlafen, zögern, gegen die Wand rennen wirst, gewährt dir das Leben ganz besondere Momente, in denen du innehalten, tief durchatmen und korrigieren kannst.

Diese Augenblicke sind immer ... JETZT.

JETZT ist ein magischer Ort in unserem Bewusstsein. Alles, was du je bewusst von deinem Leben erfahren wirst, findet JETZT statt.
Nicht in deinen Grübeleien oder deinem Grollen über das Gestern.
Nicht in deinen Träumen oder Sorgen über das Morgen.

Immer JETZT.

Bis du jetzt gerade voll hier? Sonst verpasst du nämlich den Sinn dieser Worte.

JETZT ist der einzige Ort, an dem du wach und intensiv leben kannst. Die Begrenzungen deiner Vergangenheit haben hier keinen Zutritt.

JETZT ist ein Land jenseits von Zeit und Raum, in dem du immer wieder neu beginnen kannst.
Egal, wie verkorkst dein Leben bis hierher war, du kannst immer wieder hierher ins JETZT kommen und neu wählen.

JETZT ist GUT.

Das Ende all deiner Probleme

Das „Schlimmste“, was deinem Problem passieren kann, ist, wenn du beginnst, nach Wegen zu suchen, es zu genießen. Glaub mir, das bringt jedes Problem total aus der Fassung.

Schwarz und Weiß

Sicher hast du das auch schon einmal gehört oder gesagt: „Das Leben lässt sich nicht in Schwarz/Weiß unterteilen. Es besteht aus vielen Grautönen."

Und ja, das stimmt aus einer Perspektive. Doch wenn du genau hinschaust, wirst du erkennen, dass jede graue Fläche aus einer Mischung schwarzer Pigmente und weißer Flecken besteht.

Genauso setzt sich dein Leben aus einer unendlichen Aneinanderreihung von Momenten zusammen, in denen du zwischen …

Schwarz und Weiß,

Angst oder Liebe,

Nein oder Ja,

Flucht/Angriff oder Öffnung

… wählen kannst. Es kann sein, dass du innerhalb einer Stunde ein dutzend Mal zwischen den Polen wechselst und so ein eher diffuser Eindruck entsteht. Doch wenn du voll bewusst hier bist, in der Präsenz dieses Augenblicks, dann kannst du nicht beides sein. Du bist im JA oder im NEIN.
Warum ich dir das schreibe? Weil darin eine wirklich gute Nachricht verborgen liegt:

Du kannst wählen.

Immer wieder neu.

Jetzt.

Je öfter du dies bewusst tust, desto mehr bestimmst du die Farbtöne in deinem Leben.
Es ist gut, dass es nicht nur Weiß gibt, denn sonst wäre die Leinwand blass und eindimensional.
Du kannst die Farbmischung, das Hell und das Dunkel in deinem Leben verändern.

Zu Beginn wirst du kaum eine Veränderung wahrnehmen.
Was ist schon ein Augenblick in einem langen Leben?
Viele Menschen unterschätzen ihn und lassen ihn deshalb ungenutzt verstreichen.
Doch in Wahrheit ist er genauso wichtig wie ein kleiner Pixel auf einer Riesenleinwand.
Er ist so klein und entscheidet doch alles mit.

Komm hierher, in die Gegenwart. Und wähle. Immer wieder.
Neu und so mutig du kannst.
Entscheide dich jetzt für Glück und dann immer wieder.
Mach das für ein Jahr und dann schau zurück und staune.

Du hast die Wahl.

Die Macht des Schicksals

Warum verwandeln manche Menschen jeden Misthaufen in Gold, während andere offenbar nie auf einen grünen Zweig kommen?

Warum gewinnen manche Menschen selbst in einer Krise, in der alle anderen verzweifeln?
Warum lieben manche Menschen Disziplin und andere hassen sie?
Warum verlieren manche Menschen ihre Freiheit, indem sie heiraten und andere finden sie dadurch?

Warum beschreiben manche Menschen ihr körperliches Handicap als das größte Geschenk des Lebens und andere als die schlimmste Strafe Gottes?

Weil dein Schicksal nicht durch die Ereignisse bestimmt wird, sondern durch die Bedeutung, die *Du* ihnen gibst.

Wann findet diese Bewertung statt?
Jetzt.
Immer wieder jetzt.

Vergebung

Wenn du dir oder einem anderen Menschen grollst, verändert das … nichts.
Im Gegenteil. Es verhindert deine Entwicklung. Denn der Groll lässt dich in deinem Geist wie besessen wieder und wieder in die Vergangenheit reisen, um das, was du dir oder einem anderen nicht verzeihen kannst, erneut zu durchleben. Groll bestraft also nur einen Menschen. Dich. Und das wieder und wieder.

Ich weiß, das zu wissen, löst die Mischung aus Wut und Schmerz noch nicht auf. Aber wenn du das verstehst, hörst du wenigstens erst einmal auf, weiter Öl ins Feuer zu kippen.

Der nächste Schritt könnte sein, deinen Geist behutsam für die Möglichkeit der Vergebung zu öffnen.

Die bedeutet nicht, dem anderen oder dir eine Blankovollmacht auszustellen, nach dem Motto: „Das war schon alles okay so, mach weiter so!" - Nein.
Fühle alles.
Sprich aus, was dir weh getan hat.
Lerne, was du zu lernen hast.
Ziehe gesunde Grenzen.

Und dann konzentriere dich wieder auf das, was du wirklich-wirklich willst und geh dafür.
Lass den alten Scheiß hinter dir.
Überlass die anderen ihren Karma-Loops.
Du bist viel mächtiger, smarter, heller als diese abgedroschene Grollnummer.

Du hast das Recht, glücklich zu sein.

Das Licht in der Scheiße

Man hat uns beigebracht, unseren Wert daran zu messen,
... dass wir die Kontrolle haben,
... tapfer funktionieren,
... Erfolge liefern,
... Rekorde brechen,
... Bescheid wissen,
... schön und schlank aussehen
und immer gut drauf sind.

Man hat uns erzählt, dass die Guten immer belohnt werden. Mit Erfolg, Geld, Gesundheit und natürlich einer romantischen Liebesbeziehung.

Das ist leider Bullshit.

Das Leben hält sich nicht an unsere kindlichen Vorstellungen von „fair" und „richtig". Es verfügt über unendliche Kraft, aber auch Gewalt jenseits unserer moralischen Urteile. Es lässt uns Schicksalsschläge erfahren, die uns den Boden unter den Füßen wegziehen. Es zerschmettert ohne Vorwarnung unsere Träume. Es erinnert uns durch Schmerz und Krankheit an die Vergänglichkeit unseres Körpers.

Auch wenn wir es nicht wahrhaben wollen, wenn wir gerade auf unserem ganz persönlichen Siegertreppchen stehen:

Wir sind verletzbar.

Wir wissen verdammt wenig.

Es geht nicht immer bergauf.

Und die besten Lektionen kommen nie, wie wir sie uns wünschen.

Das Leben pflanzt seinen wertvollsten Samen gern in den schmutzigsten Dreck.

Diamanten entstehen unter hohem Druck.

Die Verzweiflung der Raupe ist die Vorfreude des Schmetterlings.

Mitten im Geburtskanal ist es dunkel, eng, schleimig und blutig.

Doch keine Angst. Dies sind keine Worte des Verzagens. Sie sind eine Botschaft der Hoffnung. Denn auch auf die dunkelste Nacht folgt irgendwann die nächste Morgendämmerung.

Das Chaos von heute ist eine höhere Ordnung, die wir nur noch nicht verstehen.

Ich schreibe dies für uns Langsam-Lerner, die Dicken, die Dummen, die Verlassenen, die Gestrauchelten, die Versager, die Verrannten. Für alle, die sich gerade vom Leben gefickt fühlen. Für die stillen Helden, die zwar nicht so attraktiv wie Superman strahlen, sich aber genauso mutig und zäh mit den Widersachern in ihrem Leben auseinandersetzen.

Ihre Feinde sind keine Schurken mit illustren Namen. Sie heißen Verlust, Konkurs, Scheidung, Burn-out, Speck, Krankheit, Sinnkrise oder schlicht Dussligkeit.

Ich halte nicht viel davon, Leid zu vergleichen. Was der eine von uns easy wegsteckt, bedeutet für die anderen einen K.o.-Schlag. Leid ist Leid. Ein kleiner Misthaufen, an der richtigen Stelle platziert, stinkt genauso wie ein großer.

Der perfekte Moment für dieses Buch („Fucked up") ist gekommen, wenn du Scheiße gebaut hast und / oder so richtig am Arsch bist. Vertrau deinem Instinkt. Wenn sich dieses Buch gut in deiner Hand anfühlt, ist es deins.

Das Letzte, was wir brauchen, wenn wir down sind, ist ein neunmalkluger Rat-Schlag. Ich wünsche mir, dass es mir gelingt, dir so zu schreiben, als wäre ich dein bester Freund. Ich stelle mir vor, wie ich neben dir sitze und dir einfach nur mitfühlend zuhöre, während du alles rauslässt, was dich gerade belastet. Ich möchte dich nicht belehren oder coachen. Ich möchte dich nicht mit oberflächlichen Plattitüden trösten, denn damit würde ich dich letztlich nur schwächen.

Wir leben in einer Zeit des Selbstoptimierungswahns. Jeder Einzelne wird für sein Glück und seinen Erfolg streng verantwortlich gemacht. Zu scheitern ist dabei nicht vorgesehen. Unsere gesamte Gesellschaft trimmt uns darauf, Niederlagen zu vermeiden. Die Momente, in denen du dir wie der letzte Trottel vorkommst, weil du es einfach nicht kapierst. Wenn du glaubst, es wieder einmal oder vielleicht sogar für immer versaut zu haben.

Ich möchte dich zu etwas einladen, was dir vermutlich ziemlich verrückt vorkommen wird:

Gib dich dem Scheitern hin.

Renn nicht mehr weiter.

Bleib stehen.

Kämpfe nicht mehr.

Gib dich hin.

Und dann staune über das, was passiert ...

Auszug aus „Fucked up. Wie du aus Sch… Kompost machst" Veit Lindau

Wehret den Anfängen

„Wehret den Anfängen ..." oder positiv ausgedrückt „Überleg dir gut, was du säen willst ..." ist wohl eines der einleuchtendsten und zugleich am häufigsten ignorierten Gesetze dieses Universums.

Wer von uns steht nicht ab und zu ärgerlich-verzweifelt vor einem Baum saurer Zitronen in Form von Schulden, verkorksten Beziehungen, Burn-Out ... und hadert mit dem Leben, warum es ihn schon wieder so bestraft. Doch mal abgesehen von spontanen Zufallskatastrophen, lohnt es sich, diesbezüglich deine letzten zwölf Monate noch einmal selbstkritisch im Zeitraffer anzuschauen.

Und ich garantiere dir, du wirst „erstaunt" feststellen dürfen, dass da immer wieder ein und dieselbe Person auf dem Bildschirm auftaucht, konsequent und kontinuierlich Zitronensamen in Form von Gedanken in der Welt verteilt und dann fleißig mit Hilfe vieler kleiner Taten oder unterlassener Taten düngt. Dreimal raten, wer das wohl war? Autsch! ;-)

Die gute Nachricht: Dieses Gesetz funktioniert auch in Richtung Zukunft. Stell dir vor, wie du in einem Jahr leben willst und schau dir dann den Film von dort rückwärts an. Was wird diese Person in den kommenden zwölf Monaten denken und tun, um dort herauszukommen?

Das Kompost-Manifest

01. Das Leben hat immer Recht.
02. Nein, dies ist nicht das Ende. Es ist der Beginn. Es geht immer weiter. Egal, wie beschissen dir gerade alles erscheint.
03. Fluchen ist gesund. Lass es raus.
04. Es macht keinen Sinn, gegen etwas zu kämpfen, das bereits da ist. Kampf erzeugt Widerstand und verlängert dein Leid.
05. Nicht der Misthaufen ist das Problem, sondern die Bedeutung, die du ihm gibst.
06. Alles, was du anfassen, fühlen und denken kannst, wird auch wieder gehen. Du bist das, was bleibt.
07. Du rast auf einem winzigen Planeten durch ein Universum, welches sich mit 70 Kilometern pro Sekunde ausdehnt. Deine Lebensspanne ist für dieses All nur ein Wimpernschlag. Dein Körper besteht aus vier Milliarden Jahre altem Sternenstaub. In einigen Jahren wird er Würmern als Futter dienen. Also nimm dich nicht zu wichtig.
08. Chaos ist in Wahrheit eine höhere Ordnung, die du im Augenblick noch nicht verstehst.
09. Perfektion ist ein Mythos. Wenn du ihn loslässt, erkennst du die natürliche Vollkommenheit von allem.
10. Wenn dir nicht nach Grinsen ist, grinse nicht. Deine wahren Freunde fürchten deine dunkle Seite nicht. Sie bleiben mit dir im Feuer stehen. Und die anderen? Gut, wenn sie gehen! Zeit gespart.
11. Deine Fehler rufen, wenn du sie bewusst erfährst, deine nächstfreiere Version in dein Leben.
12. Wenn ein Misthaufen vor deiner Tür landet, ist es deiner, egal, wie gern du andere dafür verantwortlich machen würdest. Kümmere dich um deine Lektion. Die anderen sind nicht deine Baustelle.

13. Finde den Sinn, und alles verwandelt sich in Gold.
14. Genieß das Problem, das du jetzt hast. Wenn es geht, wirst du es gegen ein neues, komplexeres eintauschen. Kein Ende in Sicht.
15. Das meiste, was unsere Gesellschaft als Erfolg ansieht, wird in den letzten 20 Minuten deines Lebens komplett irrelevant sein. Sei smart. Konzentrier dich auf das Wesentliche.
16. Wenn du Ja zu dem sagst, was geschieht, verändert sich das gesamte Spiel.
17. Es gibt eine gute Schuld, wenn du deine eigenen Werte verletzt. Wenn du sie ausgleichst, wird deine Kraft wachsen. Es gibt eine falsche Schuld, mit der dich andere von klein auf manipulierten. Es ist legitim und weise, ihr ein kräftiges „Fuck you“ entgegenzurufen.
18. Damit du dich nicht in der scheinbaren Komplexität deiner Realität verirrst, hat dir die Schöpfung zwei wirkungsvolle Anker mit auf den Weg gegeben: deinen Körper und deinen Atem. Wenn du deine Füße spürst und bewusst ein- und ausatmest, bist du hier, in der Gegenwart. Die Macht deiner Vergangenheit und Zukunft reichen nicht hierher. Um zu grollen oder dich zu sorgen, musst du die Gegenwart verlassen. Also komm so oft wie möglich hierher.
19. Das mächtigste Antidot gegen die verbissene Ernsthaftigkeit deines Egos ist deine Fähigkeit, über dich selbst zu lachen.
20. Lass in Ruhe, was dir heute noch wie ein Widerspruch erscheint. Geh einfach weiter und wachse – morgen macht es Sinn.
21. Du vergiftest mit deinem Groll lediglich dein Herz und kettest dich an die Vergangenheit. Vergib dir und anderen. Mehr war bis hierher einfach nicht drin.

22. Wenn du erschöpft bist, ruh dich aus.
23. Selbstliebe ist nicht, dir auf die Schulter zu klopfen, wenn du gut funktionierst. Das ist keine Kunst. Wenn alles am Arsch ist, die anderen dich verlassen, du nicht weiterweißt und dich dennoch zärtlich und liebevoll von innen bewohnst, dann hast du es geschafft.
24. Wenn du wissen willst, wie schön du bist, fang an, alle Aspekte an dir zu feiern. Auch die, die dein innerer Kritiker im Augenblick noch ablehnt. Dann wirst du staunen ...
25. Dieselbe Kraft, die deine Gefühle unterdrückt, bremst auch deine Kreativität. Lass es raus!
26. Wenn du laufen, sprechen, lesen gelernt hast, kannst du für alles eine Lösung finden. Du bist ein Titan der Evolution. Also steh auf und erinnere dich. Lass dein aberwitzig begrenztes Urteil über „möglich" und „unmöglich" fallen und greife es nie wieder auf. Du weißt einfach nicht genug, um dir den Luxus des Pessimismus‘ leisten zu können. Es ist immer, wirklich immer viel mehr möglich, als du denkst.
27. Wenn gar nichts mehr geht, stell dich unter die Dusche und stimme ein Lied an. Lass das ganze Universum deinen kühnen Schlachtruf hören.
28. Niemand kann dir deine Würde nehmen, außer du selbst. Und auch das nur im Traum. Sobald du erwachst, erkennst du, dass das, was du wirklich bist, niemals verletzt werden konnte.
29. Das Universum funktioniert.
30. Es ist gut.

Auszug aus „Fucked up. Wie du aus Sch... Kompost machst" Veit Lindau

Ohrenschmaus für Geist und Seele

Wusstest du schon…

Für alle, die hungrig nach mehr Inspiration sind, gibt es seit Neuestem auch unseren **Podcast SeelenGevögelt.**

Dieser Podcast widmet sich allen Rebellen des Geistes. All jenen Menschen, die viel vom Leben wollen und ebenso bereit sind viel zu geben. Dich erwarten in diesem Podcast:

- Auszüge aus unseren Vorträgen und Büchern,
- Gespräche mit inspirierenden Persönlichkeiten (zum Beispiel Dirk Nowitzki, Prof. Gerald Hüther, Eva Maria-Zurhorst),
- und geführte Meditationen
- Außerdem beantwortet Veit Zuhörerfragen – also auch gern deine

Hier kannst du den Podcast abonnieren:

iTunes: **https://apple.co/2B3hurb**

Spotify: **https://spoti.fi/2MQ2ZYY**

Dein Schwert

Integrität

Integrität ist kein Wort.
Integrität ist ein Schwert.
Sie durchtrennt den Schleier deiner Ausreden und faulen Kompromisse.

Integrität ist deine Bereitschaft, deinen Geist zu benutzen,
um durch konstruktiv-kritisches Denken
klar definierte Werte heraus zu erarbeiten
und diese auch unter emotionalem Stress und Bedrohung aufrecht zu halten.

Wenn du bequem leben willst,
vergiss das schnell mit den Werten.

Wenn du herausfinden willst,
wer du wirklich bist,
lebe integer.

Deine wahre Größe

Die, die vor langer Zeit selbst aufhörten, groß zu denken und kühn zu handeln, haben uns eingeflüstert, es sei Egoismus, wenn wir aufstehen, uns aufrichten und für unsere Träume gehen.
Das ist natürlich ausgemachter Blödsinn.
Denn das größte Geschenk, was du mit uns teilen kannst, bist du in deiner freiesten Version.
Natürlich wirst du auf diese Weise deine Umgebung wesentlich intensiver herausfordern.
Gut so.

Die, die auch wachsen wollen, werden dein Leben inspirieren. Sie werden kommen, dein Licht trinken, mit dir die Fackel halten, im Sturm tanzen und am Ende des Tages still und erfüllt mit dir am Lagerfeuer der Geöffneten sitzen.

Die, die sich für den Stillstand entschieden haben, werden ohne dein Zutun deine Realität verlassen, wenn du dich zu deiner wahren Größe bekennst.

Richte dich auf und zeig dich.
Keine Sorge.
Deine wahren Reisegefährten werden dich erkennen.
Was für eine Freude des Wiedersehens!

Dein Lied

Es wird immer Menschen in deinem Leben geben, die dir sagen wollen, dass du zu laut bist, zu frech, deine Träume zu verrückt,... deine Kleidung zu gewagt, deine Haare zu lang,... der Bart sollte ab oder dran,... du solltest dich bescheiden,... zufrieden sein mit dem, was du hast...
Keiner von denen wird später an deinem Grab stehen und sich dafür bedanken, dass du so viel Rücksicht auf seine Urteile und Gefühle genommen hast. Und selbst wenn, würdest du dir vor Wut in den Hintern beißen, wenn du dies dann noch könntest.
Frag diese Menschen, warum sie glauben, das Recht zu haben, über ein Leben zu urteilen, was nicht ihres ist.
Frag sie, was mit ihren Träumen und Sehnsüchten passiert ist.
Frag sie, wann sie angefangen haben, natürliche Demut mit antrainierter Bescheidenheit zu verwechseln.
Frag sie, ob sie die Energie, die sie auf deiner Baustelle der Evolution verschwenden, nicht lieber nutzen wollen, um auf ihrer ein Königreich zu errichten.
Und dann lach sie liebevoll an und mach ihnen klar, dass dich niemand davon abhalten wird, dein inneres Mysterium voll zu entdecken und es frei zu entfalten.
Wir alle wurden als liebenswerte Genies geboren.
Wir alle tragen ein einzigartiges Lied in uns.
Wenn wir verstummen, fehlt es.
Öffne dein Herz. Befreie es von all der falschen Schuld und Scham, du selbst zu sein.
Dann dehne deine Brust. Öffne deine Arme.
Und stimm dein Lied an.
Zu Beginn vielleicht peinlich falsch und stockend.

Na und.
Das Universum feiert nicht Perfektion, sondern Vollkommenheit.

Und das bist du.
Ein in sich vollkommenes, einzigartiges Partikelchen Schöpfung.
Halleluja!

Auf dem Berg

Wenn du führen willst,
hör auf zu jammern.
Verbiete dir, dich als Opfer zu sehen und dich als ein solches zu behandeln.

Wenn du führen willst,
finde deinen inneren Polarstern und richte dich an ihm aus (und nicht mehr an der Meinung der anderen).

Wenn du führen willst,
lerne zuerst, dich selbst zu führen.
Lerne, dir Kommandos zu geben und ihnen zu folgen.

Wenn du führen willst,
begreife … es ging niemals um dich.
In Wahrheit führst du nicht. Du hütest. Du dienst.

Wenn du führen willst,
höre mehr zu.
Verbieg dich nicht für Anerkennung, aber lass dich von jedem Feedback berühren.

Wenn du führen willst,
halte es aus, einsam zu sein.

Wenn du führen willst,
gewöhne dich daran, dass die auf den Zuschauerrängen immer eine Meinung haben. Am lautesten die, die noch nie auf der Stelle standen, auf der du spielst.

Wenn du führen willst,
liebe die Menschen.

Wenn du führen willst,
mach dir klar, dass nicht du das Ziel bestimmst.

Wenn du führen willst,
mach dich leer
und lass dich führen.

Würde

Manchmal fühlt es sich so an, als hätten wir durch die eigenen Fehltritte, die Verletzungen eines anderen oder durch die Hatz im Hamsterrad des Alltags unsere Würde verloren.
Doch tief drinnen – in jedem von uns – gibt es einen unbegrenzten und immer stillen Raum.
Hier sind wir frei.
Hier ruht unser wahres Wesen.
Hier ist unsere Würde für alle Zeiten unantastbar.

Tief in dir bist du nie verletzt worden.
Hier hast du nie deine Unschuld verloren.

Schließ die Augen.
Atme sanft ein und aus.
Sinke mit dem Atem nach innen.
Lass den Geist zur Ruhe kommen und komm in dir zuhause an.
Hier bist du frei.

Sichtbarkeit

Viele Menschen fürchten Sichtbarkeit mehr als den Tod.

Warum? Na, weil Sichtbarkeit dich in gewisser Weise auch verletzbar macht. Wer den Kopf unten hält und mit den anderen Schafen blökt, lebt vielleicht frustriert und gelangweilt, aber er kann auch nicht angegriffen werden. Doch sobald du dein Haupt erhebst, sobald du deine Werte definierst und deine Vision an deine Eingangstür nagelst, werden sie plötzlich eine Meinung von dir zu haben.

Sie werden dich bewundern. Wenn du wach bleibst, wirst du spüren: Dies hat nichts mit dir zu tun. Setz dich nicht auf den Thron, den sie dir anbieten.
Sie werden dich verurteilen. Es mag weh tun. Brennen. Bleib stehen.
Du wirst dich allein fühlen. Bleib stehen.

In diesem Leben einen echten Unterschied zu bewirken, bedeutet meist auch, sichtbar zu sein. Richte dich auf. Bleib stehen. Halte dein Herz in den Sturm.

Wenn du mit Sichtbarkeit – egal ob live, in Büchern oder den sozialen Medien langfristig Freude haben möchtest, achte darauf, dich nicht von der Meinung der anderen abhängig zu machen. Richte dein Auftreten nicht nach ihrem Like- oder Dislike-Daumen. Bleib dir treu.

Es ist DEIN Leben. Zeig dich authentisch. Die, die zu deinem Tribe gehören, werden dich mit allen Ecken und Kanten mögen. Die anderen, (du weißt schon), sieh sie als eine Einladung, dich selbst noch besser kennen und lieben zu lernen. Schau, wo und wie dich ihre Urteile berühren. Was kannst du durch ihre Kritik oder Häme lernen? Wo legen sie absichtlich oder zufällig den Finger in eine tatsächlich existierende Wunde?

Nutze jedes Feedback, um stärker, freier, bewusster zu werden. Pack jedes Paket aus, auch wenn der Postbote als dämlicher Scheißkerl daherkommt. Und achte gleichzeitig darauf, das Raunen auf den Zuschauertribünen nicht zu ernst zu nehmen.

Denn letztendlich ist es dein Feld, dein Ball, dein Schlag. Niemand sonst wird jemals an dieser Stelle des Universums stehen. Niemand ist in deinen Schuhen, auf deinen Pfaden bis hierhergelaufen. Segne sie alle. Deine Freunde und die Idioten. Dann blende sie aus und konzentriere dich auf deinen nächsten Wurf.

Du wirst es niemals allen Zuschauern recht machen. Aber du kannst das Spiel deines Lebens verpassen, während du es versuchst.

Dein Tribe

Menschen haben sich lange Zeit am Haben ausgerichtet. Wer hat das meiste Geld, den meisten Ruhm, das größte Auto ...
Zeiten ändern sich. Bewusstsein reift, erwacht ...
Die Menschen, die heute zu dir kommen - privat und beruflich - sind viel mehr daran interessiert zu spüren,

WARUM du tust, was du tust.
Was ist deine Passion?
Was ist dein Ethos?

Wir suchen - instinktiv und bewusst - unseren geistigen Tribe.
Wenn du reif bist, dann müssen die Menschen deines Tribes nicht dasselbe glauben wie du.
Dann suchst du nach gemeinsamen Werten.
Nach einem tieferen Feuer, welches Religion und Weltanschauung transzendiert.

Jemanden aus deinem Tribe zu finden, live oder online, hier oder am anderen Ende der Welt, ist so kostbar.
Achte dieses Geschenk.
Nähre es.
Feiere es.
Dein Tribe transzendiert Unternehmen, Länder, Religionen.
Er ist dein geistiges Zuhause in einem komplexen Universum voller spannender Herausforderungen.

Für die Königin in dir

Dies ist eine Botschaft für all unsere Schwestern. Es ist auch ein Brief von dir an dich selbst. Ein Ruf, so alt wie das Weibliche Prinzip und so frisch wie dieser Moment. Weitergegeben von Mutter zu Tochter. Von Frau zu Frau. Von Schwester zu Schwester.

Jede von uns ist einzigartig und doch sind wir eins.

Wir sind die wilden Töchter des Lebens.

Unsere Mutter ist die große Stille.

Unser Vater ist das erste Licht.

Ich schreibe dir, um dich daran zu erinnern, dass du wichtig bist.

Was du heute denkst, wie du fühlst und handelst, webt Fäden in den großen Teppich des Lebens. Du legst heute ein Muster an, in dem unsere Töchter und Enkelinnen morgen und übermorgen etwas darüber lesen werden, was es bedeutet, eine Frau zu sein.

Schwester, es ist Zeit, dass wir wieder im Kreis zusammenkommen. Egal, wie jung oder alt wir sind. Egal, welchem Beruf wir nachgehen und an was wir glauben. Wir können uns gegenseitig stärken und lehren.

Schwester, ob du willst oder nicht, du bist eine Lehrerin des Lebens. Deine Kinder schauen auf dich. Deine Schwestern orientieren sich an dir. Die Männer folgen dir fasziniert, wenn deine Botschaft klar ist.

Du bist wichtig.

Finde deine Stimme.

Du wirst gebraucht.

Wir werden gebraucht. Wir haben viel zu lang geschlafen und die Führung Männern überlassen, die ihre Mission verloren haben. Wir haben uns klein gemacht. Wir haben uns dumm gestellt. Wir haben gegeneinander gekämpft, um „ein Männchen" abzubekommen. Damit ist jetzt Schluss. Dies ist das Zeitalter, in dem die Königin zurückkehrt.
Die Königin wird nicht über jemanden herrschen. Sie wird im Namen der Liebe führen und dienen.
Um zu unserer Kraft zu finden müssen wir schonungslos ehrlich mit uns sein.

Wo verraten wir uns?

Wo betteln wir?

Wo machen wir uns klein?

Wo spielen wir dümmer als wir sind?

Wenn wir mit diesen ablenkenden Spielchen aufhören, wird es wieder in uns brennen. Und der Weg nach Hause führt in dieses Feuer.
Wir finden in uns die Einheit aller Wesen und Dinge.
Wir sind die Hüterinnen des Urgrunds.

Deine Wut, Schwester, ist heilig. Du weißt in jeder Zelle deines Körpers, wie schön und freudvoll die Schöpfung sein kann. Wenn deine Lust am Leben keinen freien Ausdruck findet, weil sie durch Regeln, Dogmen, Männer oder dich selbst begrenzt wird, wandelt sie sich in ein wütendes Feuer. Entweder du gibst

diesem Feuer eine konstruktive Richtung, indem du zornig und lustvoll alle Ketten sprengst oder dieses Feuer frisst dich von innen auf.
Die Menschen in deinem Leben werden auf dich hören,
wenn du Verantwortung für deinen verbitterten Schatten übernimmst,
wenn du aufhörst, dich wie ein Opfer zu verhalten,
wenn du allein sein kannst,
wenn du förderst, anstatt zu fordern,
wenn du klare Grenzen setzt
und wenn du deinen Geist konsequent auf das ausrichtest, was du willst.

Schwester, finde *deine* Stimme.
Stell deinem heißen Herzen einen kühlen Logos an die Seite und finde *deine* Stimme.

Geh Risiken ein. Probiere dich aus. Lass sie lachen, sich abwenden. Zögere, fühle deine Unsicherheit, aber verstumme nicht mehr. Töne weiter. Spiele mit dem Ausdruck. Mit den Worten. Bis du fühlst: „*Das* ist mein Lied. *Das* ist meine Art zu singen. *Das* bin wirklich ich."
Singe dein Lied.
Verschenke dich.
Die Samurais dieser Welt werden die Königin in dir erkennen und dich dafür achten.
Deine Schwestern werden dir lauschen und ohne große Worte etwas über die wahre Schönheit einer Frau verstehen.
Wild und leise.
Liebend und herausfordernd.
Zerstörend und gebärend.

Erwache, meine Schwester.
Dein Leben findet jetzt statt.
Gebäre es.
Sei einzigartig und doch Nichts.
Leben ist.
Du bist.
Ich bin.
Liebe ist.
Finde deine Stimme.

In Verbundenheit,
deine Schwester

Auszug aus „Königin und Samurai. Wenn Frau und Mann erwachen" Andrea und Veit Lindau

Der Mann und seine Mission

Für den Samurai in dir.

Danke, Mann, wenn du diese Zeilen liest. Ich schreibe sie nicht als Coach oder Trainer, sondern als Mann. Als dein Bruder. Deshalb wähle ich einfache und offene Worte.

Kannst du dir vorstellen, gerade mit mir unter vier Augen zusammenzusitzen? In deiner Lieblingskneipe, bei einem Glas Bier oder Wein? Auf einem Berg oder an einem Feuer? Wie mit deinem allerbesten Freund, dem du erzählen kannst, was sonst niemand von dir weiß.

Ich lade dich ein, diesen Text zu nutzen, um innezuhalten und mit mir gemeinsam auf unser Mannsein in dieser so komplex gewordenen Welt zu schauen.

Wenn ich heute die Nachrichten schaue oder aufmerksam den Gesprächen um mich herum lausche, fühle ich: Diese Welt braucht uns gerade so dringend wie noch nie. Und zwar in unserer allerbesten Version. Sie ruft nach guten Männern. Aufrechten, integren Männern, denen Ehre und Mitgefühl noch etwas bedeuten. Sie braucht den König, den Heiler, den Samurai. Auf diesen möchte ich mich in diesem Text konzentrieren.

Du könntest den berechtigten Einwand bringen, dass die japanische Kriegerkaste der Samurai oft kein gutes Beispiel für eine gesunde Männlichkeit war. Ja, sie haben, wie die meisten Männer dieser Welt, die Macht, die ihnen anvertraut wurde, missbraucht. Aber um sie geht es mir nicht. Ich beziehe mich auf eine starke und reine archetypische Kraft in dir und mir, die wir in dieser Zeit dringend brauchen, um unser geistiges Rückgrat wieder aufzurichten.

Ein Samurai im besten Sinne war ein Krieger, der etwas gefunden hatte, was ihm wichtiger war als sein Leben. Er hatte einen geistigen Polarstern gefunden, an dem er sich in hellen und dunklen Stunden aufrichtete. Verlor er diesen Bezugspunkt, wurde er zum Ronin. Zum herrenlosen Samurai.
Diesen Polarstern, der aus einem Jungen einen Mann macht, nenne ich seine wahre Mission.
Mission, was macht dieses Wort mit dir? Berührt es dich?
Es wurde leider (in diesem Fall von übereifrigen christlichen Missionaren) brutal missbraucht, um andere Kulturen zu unterdrücken. Doch in seinem Wortstamm bedeutet es Sendung, Auftrag.

Ich bin zutiefst davon überzeugt, dass jeder Mann lebt, um einen Auftrag zu erfüllen – nicht in einem religiösen, sondern evolutionären Sinn. Du bist nicht nur ein Werkzeug der Selbstbefriedigung oder der Leistungsgesellschaft, sondern der gesamten Schöpfung. Einfach nur sicher durchzukommen oder möglichst hoch auf der Karriereleiter zu krabbeln, wird dich, wenn du wach bist, auf Dauer nicht erfüllen. Egal, wie schön du es dir redest, in der Tiefe wirst du dich verachten, wenn du deine Mission nicht lebst.
Es geht dabei um viel mehr als deine persönliche Befriedigung. Das ist viel zu klein gedacht. Du trägst etwas Einzigartiges in dir. Du hast etwas zu verschenken, was nur du geben kannst. Wenn du es zurückhältst, fehlt es der Welt, und letztendlich fehlst du dir.
Wenn du mich fragst, gibt es viel zu viele Ronins unter uns Männern. Brüder ohne echte Mission. Wir versacken in Kneipen, vor Fernsehgeräten oder am Bürotisch. Wir investieren un-

sere unendlich kostbare Zeit in Geld, Ruhm, Sex oder schlaffen auf der Couch ab. Wenn ich mich unter den Exemplaren unserer Art so umschaue, verstehe ich, dass viele Frauen mittlerweile aufgegeben haben, an eine wirklich erhebende Beziehung mit uns zu glauben. Doch deren Meinung ist mir gerade egal. Ich möchte dich fragen:

Wie siehst du dich als Mann?
Wie siehst du uns als Männer?

Findest du, wenn du nüchtern hinschaust, dass wir im Augenblick ein aufrechtes und starkes Geschlecht repräsentieren? Glaubst du daran, dass dies möglich ist? Oder hast du dein Banner der Ehre aus Zynismus oder Faulheit schon lange in den Schlamm deines Alltags geschmissen?

Wenn du heute sterben würdest, hättest du alles gegeben?
Würdest du auf ein stolzes, freies, großes Leben zurückschauen?
Oder bist du irgendwo eingepennt, eingeknickt?

Es braucht verdammt viel Mut, die einmal geschmierte Maschine anzuhalten, uns vor den Spiegel zu stellen und uns einzugestehen, dass wir eventuell irgendwann auf dem Weg unsere wahre Mission aus dem Herzen verloren haben. Wir Männer sind Meister darin, uns selbst zu bescheißen. Es ist unbequem, uns Fragen zu stellen, auf die die Großklappe in uns nicht sofort eine Antwort weiß. Scheiß unangenehmes Gefühl.

Doch dieses Leben ist so unbegreiflich kostbar. Viel zu wertvoll, um es mit kleinherzigen Kompromissen zu beschmutzen. Lass

dich von niemandem in den Schlaf reden oder in die falsche Richtung locken. Es ist dein Leben. Dein Pfad. Weder deine Frau, dein Chef oder ein Pfarrer kann beurteilen, ob und wie du deiner wahren Mission folgst. Aber du weißt es. Du spürst es, davon bin ich überzeugt, auch jetzt, beim Lesen dieser Zeilen.
Als Jungs haben wir nicht ohne Grund unsere Helden nachgespielt. Wir träumten davon, etwas Großes zu vollbringen und die Welt zu verändern. Dann vergruben die meisten von uns diesen heiligen Ruf in einer geheimen Kammer unseres Herzens. Wir haben im Namen der Vernunft, der Angst und Gier unsere Mission verraten. Wir haben Visionen gegen Pläne und Träume gegen Gründe getauscht.

Doch was genau meine ich mit deiner Mission?
Das weißt nur du.
Genauer gesagt dein Herz.

Deine Mission muss im weltlichen Kontext nichts Spektakuläres sein. Doch es ist etwas, was in dir befreit, gegeben, verschenkt werden möchte, damit du am Ende mit einem Lächeln auf den Lippen abtreten kannst.
Ich kenne Männer, die angetreten sind, das Leben von einer Milliarde Menschen positiv zu berühren. Ich kenne andere, die sagen: Wenn es mir gelingt, für meine Kinder ein wahrhaft liebevoller und vor allem präsenter Vater zu sein, habe ich meine Mission erfüllt. Manche von uns brennen dafür, ein ganz spezielles Problem oder Leid auf der Erde zu beenden. Andere verschenken Lachen und Freude.
Du kannst die Mission deines Lebens nicht an weltlichen Maßstäben von Größe messen, aber an der Resonanz in deinem Herzen. Wenn du am Ende eines Tages oder eines ganzen

Lebens die Augen schließen und aufrichtig wie Timotheus zu dir sagen kannst: „Ich haben einen guten Kampf gekämpft. Ich habe den Glauben gehalten“, dann hast du deine Mission gefunden und gelebt.
Wie findest du sie? Indem du aufhörst, dich zu bescheißen. Indem du hin und wieder, am besten täglich, die Welt in Ruhe lässt, dir nach innen zurückziehst und deinem Herzen lauscht.
Was ist dein Credo, die eine Strophe, die nur du dem Lied des Kosmos hinzufügen möchtest?
Was wird auf der Welt besser sein, wenn du einmal gehst?
Woran sollen sich deine Weggefährten am intensivsten erinnern, wenn sie an dich denken?

Es ist niemals zu spät, sich diesen Fragen zu stellen. Ich habe Männer mit 70 erwachen und ihre Mission bejahen sehen. Es war für sie der perfekte Zeitpunkt.
Begehe bitte nicht den fatalen Irrtum, geistig einzuschlafen, nur weil du beruflich in Rente gehst. Deine Mission hält sich nicht an Jahreszahlen. Der Samurai in dir möchte seinem Pfad bis zum letzten Atemzug treu bleiben. Glaub auch nicht, nur weil du jung bist, hättest du noch ewig Zeit. Der Kosmos schnipst einmal mit dem Finger, und du bist vierzig. Ich spreche aus Erfahrung.

Sei heute wach. Stelle dir heute die richtigen Fragen.
Lass uns ein mögliches Missverständnis aus dem Weg räumen. Deinem inneren Ruf zu folgen, bedeutet nicht, wie ein narzisstisches Arschloch immer nur das zu tun, worauf du gerade Bock hast, verantwortungslos zu handeln und zum Beispiel deine Familie im Stich zu lassen. Das Ego auszutoben ist Selbstbefriedigung, aber keine radikale Selbstverwirklichung. Es geht nicht

darum, was du vom Leben möchtest, sondern was das Leben von dir will. Indem du deine Mission entdeckst und dich durch ihre Form an die Welt verschenkst, erfüllst du dich auf einer wesentlich tieferen Ebene, als es dein kleines Ego je könnte.
Kein Sex, kein Geld oder Ruhm kann das Loch stopfen, was eine verratene Mission in dir aufreißt. Ihr konsequent zu folgen stärkt deine Selbstachtung. Es reift eine Würde in dir, die durch keine weltliche Niederlage angekratzt werden kann. Ein Mann, der seiner Mission treu ist, wird auch ein besserer Liebhaber und Vater sein. Denn sie schenkt dir ein entspanntes und souveränes Selbstverständnis.
Jetzt ist die Zeit.
Hör auf zu warten, falls du das noch irgendwo tust.
Hör auf, dich zu verstecken. Komm raus. Zeig dich.
Natürlich kannst du dabei auf die Fresse fliegen, einsam sein, deinen Job verlieren, ausgelacht werden … Na und. Wenn du es im Gegenzug nicht tust, wirst du nie herausfinden, wer du wirklich bist.

Also, worum geht es dir in diesem Leben?
Gut durchkommen?
Oder willst du dich finden?

Ich sehne mich nach einer Welt voller wacher Samurais. Ich sehne mich nach Männern auf unseren Straßen, die leuchten. Die sich wie Brüder gegenseitig liebevoll herausfordern, ihre Mission zu benennen und ihr treu zu sein.
Samurai bedeutet übersetzt nicht Krieger, sondern Dienender.
Ein schwacher Mann dient in einem Kontext von Unterwerfung, unter seine Frau oder seinen Chef. Ein narzisstisch veranlagter Mann geht davon aus, dass die Welt seinen Bedürfnissen

zu dienen hat. Ein gieriger Mann dient dem Geld.
Bewusstes und reifes Dienen hingegen ist einer der schnellsten und gründlichsten Wege zur Freiheit und Selbsterkenntnis. Die spannende Frage ist: Wofür setzt du deine Gaben ein?
„Was für ein Mann ist der Mann, der seine Welt nicht verbessert?" Diese Worte stammen aus dem Film „Königreich der Himmel". Zyniker mögen diese Worte vielleicht belächeln, mich berühren sie.
Vielleicht denkst du, du wurdest einfach in ein chaotisches Universum geboren. Du holst das Beste für dich raus und am Ende stirbst du halt. Glaubst du das wirklich?
Wir sind keine Leistungsmaschinen, keine plumpen Konsumzombies, keine Esel, die stur Mohrrüben hinterherrennen wollen. Männer haben ein großes Herz. Ein Herz will nicht nehmen. Es will sich verschenken.
Ich sehne mich nach einer Welt, in der Männer wissen, wer sie sind. In der wir uns so großzügig verschenken, dass wir jeden Abend erfüllt ins Bett sinken und alle Frauen und Kinder stolz und dankbar auf unser Geschlecht schauen. In der wir uns aufrichtig und aufrecht als Diener des Lebens empfinden und feiern.

Männer, lasst uns aufrechte Diener des Lebens sein.

Auszug aus „Königin und Samurai. Wenn Frau und Mann erwachen" Andrea und Veit Lindau

Ablehnung ist eine Illusion

Wie viele Menschen unterlassen unzählige kleine und große wichtige Schritte, die sie ihren Zielen näherbringen würden? Und warum? Sehr häufig aus unserer Angst vor Ablehnung. Wir sind evolutionär gesehen Herdentiere. Deshalb ist die Macht dieser unsichtbaren Bremse gut zu verstehen. Doch wenn du zu neuen Ufern aufbrechen und deinen Traum leben willst, durchschaue, dass sie eine Illusion ist.

Die Anderen lehnen dich nicht ab. Sie wählen nur etwas anderes. Das ist ein Riesenunterschied.

Ihre Wahl ist kein Urteil über dich oder deinen Wert.

Ihre Wahl sagt simpel: „Ich wähle an dieser Weggabelung meines Lebens etwas anderes."

Der einzige Mensch, der die Macht hat, dich in solchen Momenten abzulehnen, bist DU.

Dafür sind sie kostbare Lehrmeister.

Nutze diese unangenehmen Augenblicke, um für dich zu überprüfen:

Bin ich von meinem Weg überzeugt?

Stimmt die Vision? Die Ziele? Meine Strategie?

Kenne ich meine Werte und stehe ich zu ihnen?

Auf alles ein JA?

Dann fühl den Schmerz und geh weiter.

Und die, die genau auf dich gewartet haben, werden kommen...

Das Unsichtbare

Nichtwissen

In unserer bekannten, sorgfältig abgezäumten Welt benutzen wir interne Landkarten, um uns zurechtzufinden. Wir lassen uns leiten von Glaubenssätzen, Paradigmen und Regeln. Unsere Vorstellungen von oben und unten und von richtig oder falsch helfen uns, unseren Alltag zu organisieren, unsere Brötchen zu verdienen und Milch im Supermarkt zu kaufen. Dafür sind Konzepte gut und dafür verdienen sie unsere Achtung und Pflege.
Wenn wir aber dem Irrtum verfallen, zu glauben, wir könnten mit ihrer Hilfe das Leben begreifen und die Deutungshoheit über dieses Universum gewinnen, werden wir leiden und Leiden verursachen. Denn egal, wie schlau und belesen du bist:

Dein Kopf hat keinen Eintritt in das Mysterium.

Der Glaube, Recht zu haben, ist die gefährlichste und dümmste Illusion des menschlichen Verstandes. Er trennt uns innerhalb von Sekunden vom Rest der Welt, zerstört Beziehungen und zettelt Kriege an. Wenn aus unserer Besserwisserei nicht so viel Schaden entstehen würde, wäre sie schon wieder putzig. Denn unsere Wahrnehmung der Wirklichkeit ist tatsächlich aberwitzig begrenzt. Unser optischer Sinn nimmt zum Beispiel nur ca. 0,0003 % dessen wahr, was eigentlich zu sehen ist. Unsere Ohren hören nur 0,4 % aller Geräusche, unsere Nase riecht nur 0,01 % der ganzen Bandbreite an vorhandenen Gerüchen. Streng genommen stolpern wir also wie blinde Maulwürfe durchs Universum. Daher ist es eigentlich ein Wunder, dass wir beide überhaupt noch leben.

Das Tragisch-Komische daran ist, dass wir trotzdem glauben, alles gesehen, gehört, gespürt und gerochen zu haben. Wir sind von unserer Wahrheit so überzeugt, dass wir bereit sind, in ihrem Namen zu streiten, zu kämpfen und im Extremfall sogar zu töten.

Zu akzeptieren, dass wir physiologisch gar nicht dafür geschaffen sind, die gesamte Wirklichkeit zu erfassen, ist daher eine harte Nummer. Es erzeugt einen starken Konflikt in uns, denn von klein auf werden wir dazu erzogen, zu wissen, zu urteilen und zu kontrollieren. Wir brauchen das Gefühl, zu verstehen, was läuft, sonst drehen wir durch. Also klammern wir uns an unsere Urteile von richtig und falsch, von gut und böse, oben und unten. Sie gaukeln uns Sicherheit und Kontrolle vor. Doch der Preis dafür ist verdammt hoch, denn unser Pseudo-Wissen schneidet uns vom Mysterium des Lebens ab.

Zwischen dir und einem besseren, aufregenderen, selbstbewussteren, liebevolleren, verrückteren Leben stehen keine Mauern, sondern deine Urteile über dich. Es sind DEINE Glaubenssätze, die dich versklaven.

Im Laufe deines Erziehungsprozesses hast du dir eine unbewusste Liste dazu angelegt,

… wer du bist und wer du auf gar keinen Fall bist,

… was du kannst und was nicht,

… wie du dich verhältst und wie nicht.

Diese Liste umfasst niemals die Wahrheit, sondern immer eine Beschränkung.

Das, was du WIRKLICH bist, lässt sich nicht in Worte fassen. Kein Wunder, dass dein wahres, freies Selbst immer wieder gegen die selbst auferlegten Begrenzungen rebelliert. Wenn du in der Arroganz deines Pseudo-Wissens erstarrst, rüttelt dich dein wahres Selbst auf viele originelle Weisen wach.

Es sendet dir Streits, Krisen, Trennungen, Ehebrüche, Krankheiten, aberwitzige Zufälle und Unwahrscheinlichkeiten, um deine festgefahrenen Urteile in ihren Grundfesten zu erschüttern. Je mehr du auf deinem Rechthaben beharrst, desto langwieriger und schmerzhafter zieht sich der Prozess der Befreiung hin.

Wenn du klug bist, wartest du nicht ab, bis dich eine Krise heimsucht. Kultiviere freiwillig eine Haltung des offenen Staunens. Die Buddhisten sagen: Begegne der Welt mit einem Anfängergeist. Gewöhne dir an, die Welt, deine Mitmenschen und dich selbst staunend und nicht urteilend, nicht wissend zu betrachten.

Lerne, die Phasen des Nichtwissens auszuhalten und sogar zu genießen. Das sind die Zeiten, in denen dich das Leben mit neuen Inspirationen befruchten und dich erneut mit dem Mysterium in Kontakt bringen kann.

Fürchte das Nichtwissen nicht, sondern entspanne dich darin. Nichtwissen bedeutet, deinem Geist und deiner Seele Zeit zum Inkubieren zu gewähren.

Nichts zu tun.

Genieße es, einfach nur zu sein.

Erlaube deinem Bewusstsein, sich auszudehnen … weicher … weiter … feiner … stiller zu werden.
Für einen kurzen Augenblick musst du nichts tun … nichts kontrollieren … nichts beweisen.

Alles darf zur Ruhe kommen und in das Meer des Nichtdefinierten, des Nochnichtgeborenen eintauchen.
Wie fühlt sich das an?

Nichts.

Stille.

Weite.

Frei.

Aaah …

Keine Angst, das Meer der Stille spuckt dich auch wieder aus. Erfrischt, staunend, inspiriert, mit neuen Ideen geschwängert. Nichtwissen ist Staunen. Nichtwissen ist Empfängnis. Die Welt durch den Filter deiner Konzepte zu erleben, ist wie Safer Sex mit der Existenz. Deine vorgefertigten Meinungen gleichen einem unsichtbaren Ganzkörperkondom. Es kann keine inspirierende Befruchtung stattfinden, solange du nicht bereit bist, für einen Augenblick alles, was du glaubst zu wissen, loszulassen. Wenn du bereit bist, dich auf das Abenteuer einzulassen, nichtwissend zu staunen, kann dich das Leben direkt und ohne Gummi vögeln. Und das wolltest du doch, oder?
Fang am besten gleich mit dem Staunen an.
Sieh dich jetzt einmal in deiner Umgebung um. Schau auf einzelne Objekte oder Menschen. Beobachte, wie sofort urteilende Gedanken in deinem Verstand aufsteigen.
„Ah, das ist ein Stuhl. Auf dem kann ich sitzen. Er hat einen Fleck. Ich muss ihn putzen." „Ah, meine Ehefrau. Das ist die, mit der ich mich gestern gestritten habe. Sie versteht mich nicht."

Kannst du wahrnehmen, dass mit jedem deiner wissenden Gedanken eine leichte Anspannung einhergeht? Nun schau dasselbe Objekt, denselben Menschen noch einmal an. Dieses Mal sehr offen und entspannt und denke:
„Ich weiß nicht, was das bedeutet."
Erlaube dir für einen kurzen, köstlichen Moment, alle urteilende Anstrengung fallen zu lassen und dich im Nichtwissen auszuruhen.

Hier bist du frei.

Es macht Spaß, es zu sagen. Probiere es aus:
„Ich weiß es nicht und muss es auch nicht wissen."

Auszug aus „SeelenGevögelt. Manifest für das Leben" Veit Lindau

DAS

Wie erklärt man in Worten DAS, was unser Verstand nicht fassen kann?
Jeder Mensch hat Augenblicke erlebt, in denen ihn DAS berührte, was eindeutig größer war als er selbst und die Summe seines Lebens.
Der Anblick eines neugeborenen Kindes,
die Farben eines Sonnenuntergangs,
die Klänge einer Symphonie,
eine tiefe Meditation
oder die Augen des Geliebten.
Ohne es auch nur annähernd erklären zu können, dehnt sich in solchen Augenblicken unser Bewusstsein über alle uns bekannten Grenzen hinweg aus. Vielleicht nur eine Zehntelsekunde gibt es kein kleines Ich, keine Trennung, keine Angst. In dieser Zeit tauchen wir in ein tiefes Gefühl von Glück und Zuhause-Sein ein, das uns von allen Zweifeln und Zwängen unseres Lebens befreit.
Ein Moment tiefster Klarheit, der unser normales Leben wie einen Traum erscheinen lässt.
In diesen Augenblicken wissen wir – jenseits unserer Gedanken. Weit, weit jenseits der Worte ertönt in unserem Herzen dann das stille Lied der Freiheit.

Stille

Es ist laut geworden, unser Leben.
Außen und innen.
Dabei ist alles,
wonach du dich sehnst,
hier.
Du musst nicht rennen, nicht kämpfen, nicht angestrengt hinterherrennen.
Du darfst nur so mutig und so smart sein,
hin und wieder still zu werden.
Hol dir die Stille zurück
bzw. kehre wieder in sie ein.
Lass das Radio ruhig laufen,
den Verstand ruhig denken.
Tiefer als das
ist immer etwas still.

Ich wette, du kannst DAS sogar jetzt erahnen,
während du diese Zeilen liest.
Es ist immer da.
Der leise, unbewegte Urgrund.
Das nie betretene Schneefeld.
Das All, welches nie geboren wurde.
Du musst nichts dafür tun.
Es ist ja da.
Einfach nur tief und sanft ausatmen
und durch die Lücke zwischen den nächsten zwei Gedanken
in die Tiefe sinken.
Dorthin, wohin dir Urteile und Lärm nicht mehr folgen können.

Falls du denkst, du könntest das nicht oder hättest vielleicht sogar Angst davor, still zu werden ...
... das bist nicht DU, der das denkt.
Es ist nur eine piepsige Stimme in deinem Kopf.
Sie weiß, dass sie nicht DU ist
und dass sie nicht mit DIR über die Schwelle des Mysteriums treten kann.

In die Stille.

In die Freiheit.

In DAS, was vollkommen ist.

In DICH.

Erwachen

Vielleicht fragst du dich, warum überhaupt erwachen?
Weil der Frieden, nach dem du dich sehnst, nur im Erwachen zu finden ist.
Weil es keine andere Option gibt.
Du kannst im Raum der Zeit eine Ewigkeit gegen deine Bestimmung kämpfen. Doch der Ausgang ist gewiss.
Fürchte dich nicht vor dem Schmerz. Er signalisiert nur das Brechen der Schale der Illusionen.
Jenseits davon wartet ein Ozean der Freiheit auf dich.

Seele

Ich muss es nicht beweisen. Ich glaube es nicht. Ich weiß es einfach. Du und ich - wir alle - sind nicht nur Fleischklöpschen mit einem Verfallsdatum, sondern zeitlose, ewige Seelen.

Wir kommen mit einem Credo für dieses Leben. Wir haben eine Aufgabe zu erfüllen, die zugleich unser größtes Geschenk für unsere Mitmenschen ist.

Ich brauche dafür keinen Beweis. Denn selbst, wenn es nicht stimmen sollte, tut es gut, unser Leben auf Erden aus dieser Perspektive zu sehen. Sie kann uns daran erinnern, was wirklich wesentlich ist. Sie hilft uns zu hinterfragen, welche von unseren Zielen und täglichen Spielen und Kämpfen wirklich relevant für unser Wesen sind.

Nenn es Seele, Essenz, Atman - ich sehe es immer wieder in unseren Seminaren - auch Atheisten, so gut wie jeder Mensch hat einen Zugang zu einer inneren Größe, Weite und Ewigkeit, die ihn still und - jenseits von Worten - wissend macht.
HIER ergibt alles, was du in deinem Leben erfahren hast, einen Sinn.

Freiheit

Du willst Sicherheit? Das verstehe ich. Suche konsequent, radikal nach ihr. Gehe zur Wurzel.

Es gibt keine Sicherheit in physischer Form. Leben ist gefährlich. Alles, was wir berühren, wird irgendwann sterben.

Suche deine Sicherheit nicht im Bauen von Sandburgen.
Kralle dich nicht am Ufer des Erreichten fest.
Lebe voll in dieser Welt, doch sei nicht von dieser Welt.

Schwimme in die Mitte des Flusses und werde eins mit ihm. Krisen sind die natürlichen Stromschnellen des Lebens. Wenn die nächste Stromschnelle kommt, pinkle noch einmal wagemutig ins Wasser, furze frech in den Wind. Dann atme tief durch und suche bewusst die Vereinigung mit dem Wirbel.

Deine einzige Sicherheit ist der ewige Wandel des Stromes und das noch tiefer liegende Meer der Stille in dir. Frieden entspringt dem Erkennen dessen, was bleibt, wenn alles geht.

Deine Seele wird sich nie mit weniger als Freiheit zufriedengeben. Sie ist die Geliebte des Ozeans.
Sie ist hungrig nach dem Unendlichen und das Unendliche ist hungrig nach dir.

Der Fluss muss zum Meer.
Folge seiner Sehnsucht. Sie ist heilig.

Unverletzlich

Es gibt etwas in dir – nennen wir es den Urkern deines Seins – der von keiner Krise in seiner Würde verletzt werden kann.

Wenn du mitten in einer Schlacht,
die du auf weltlicher Ebene gerade verlierst,
stehen bleibst und ganz, ganz still wirst,
findest du DICH.

DAS,
was immer frei war
und immer frei sein wird.

In der Hoffnung, dass dieses kleine Buch DICH daran erinnert hat.

Wach auf.

Abschied?

Du bist nun am Ende dieses Buches angelangt.
Ich werde mich nicht von dir verabschieden.
Denn wohin sollte ich gehen, wo du nicht bist?
Wir sind nie voneinander getrennt gewesen.
Wir sind beide Evolutionsposten derselben schöpferischen Intelligenz.
Wo immer du kämpfst, kämpfe auch ich.
Wo du liebst, liebe ich.
Wenn du still wirst, tauchst du in denselben Ozean der Stille ein, in dem auch mein *Unberührtes* ruht.
Über dieses Buch hast du mir gestattet, dir und deinem Leben für einen Augenblick sehr nah zu kommen. Ich danke dir für dieses Vertrauen.
Unsere Wege verlaufen in Zeit und Raum verschieden. Dennoch gibt es keinen Grund „Lebewohl" zu sagen, denn es gibt wie gesagt diesen einen Ort, an dem wir uns immer, sofort, jetzt und hier begegnen können.
Es ist derselbe Ort,
an dem Urteile und Trennung nicht existieren.
Es ist der Ort, an dem du Stille finden und dich erneuern kannst, wenn du müde bist.
Es ist der Ort, den wir beide kennen und dennoch nicht beschreiben können.
Wenn du hier zur Ruhe kommst, begegnest du mir und ich dir.
Ich danke dir aus tiefstem Herzen für das Lesen dieses Buches.
Erst dein Geist erweckt es zum Leben. Erst dein Herz verleiht ihm Bedeutung.
Ich habe versucht, das, was meine Seele bewegt, so direkt wie möglich auszudrücken. Dennoch wusste ich von Anfang an,

dass ich scheitern würde. Denn das wirklich Wesentliche lässt sich nicht in Worte einfangen.
Ich hoffe, das Leben küsst dich dennoch zwischen den Zeilen und bringt das Wahre in dir zum Schwingen.

Wir sind eins. Deine Essenz lebt in mir und meine in dir.
Im endlosen Kreislauf des Lebens atmest du einfach weiter – ein und aus.
Du erkennst dich.
Du entfaltest dich.
Alles ist – wie es ist.
Genieße deine unbegreifliche Reise
und traue dich, bemerkenswert zu sein!
Du bist schön.

In Liebe und tiefer Achtung
vor dem Wunder deines Lebens,
Veit

Auszug aus „SeelenGevögelt. Manifest für das Leben" Veit Lindau

Epilog

Mitten in der Nacht erwachte der Adept aus seinem Traum. Plötzlich war alles so klar. Er sah die Millionen von Spielstationen seiner vielen Leben noch einmal vor seinem inneren Auge vorüberziehen. Eine endlose Aneinanderreihung von Schlachten, Gefahren, Erfindungen, Blockaden, Durchbrüchen und Erleuchtungen. Er erfuhr noch einmal seinen orgastischen Tanz durch die Boxen. Wie in einem magischen Zeitraffer bewohnte er noch einmal die Leiber, die er auf seinem Weg des Erwachens benutzt und verschlissen hatte. Mineralien, Bakterien, Pflanzen, sanfte und wilde Tiere und viele, viele Menschenkörper.

Er sah und er fühlte den Dreck, das Blut, die Dunkelheit und das Licht, das stumme, unaufhaltsame Drängen, zuerst nur ein roher Impuls, später feiner pulsierend als süße, schmerzvoll ahnende Sehnsucht.

Er sah und verstand, wie sich wilde Triebe im Laufe der Jahrmillionen langsam aber sicher mit Bewusstsein und mit Liebe paarten.

Er erfuhr noch einmal die Enge, den Schmerz und die Ohnmacht der tausend Niederlagen, den Abgrund des Sterbens, die Erlösung der Stille im Tod. Er durchlebte die unbändige Ekstase der nächsten Wiedergeburt, die Freude am Spielen, die unbändige Glückseligkeit des Wiederfindens.

Immer klarer wurde sein Sehen. Die verschiedenen Stationen seines Spiels wurden zu Sternen am Himmel eines heiligen Wirkens. Er staunte und verstand. Ohne Worte. Sein Verstand wurde still. Alles passte. Alles ergab einen Sinn.

Er sah, wie die Fäden seines Spiels sich mit denen der anderen Mitspieler verwoben. Wie sich Boxen berührten, durchdrangen, sich in Schwingung versetzten und gegenseitig erlösten. Sein Bewusstsein durchwanderte Boxen, in denen einzelne Menschen, Familien und auch Nationen um ihr Erwachen rangen. Alles diente allem. Alles war alles. Der Mensch war noch nicht fertig geboren. Er fand sich in jeder Box seine Mitspieler wieder. Er war seine Brüder und Schwestern. Da, wo sie um Erwachen rangen, stand auch er. Er kannte ihre Zweifel, ihr Drängen, ihre Angst, ihre Liebe. Die unendlich vielen Spielstationen funkelten – aneinandergereiht wie Perlenketten aus Licht. Milliarden von Lichtfunken, Milliarden von Schicksalen – verwoben, verschlungen in einer Spirale des Werdens. Und er gab sich hin, dem Leben der Vielen, dem Leben des Einen. Er war jetzt Eins mit dem Werden. Ein wilder, ewiger Strom des Gebärens.

Und dann wurde es still. Völlig still.

Kein Spieler.
Keine Box.
Kein Werden.
Keine Geburt.
Kein Sterben.

Nichts von alldem war wirklich passiert.
Unendliche Stille.
Frieden.
Glückseligkeit.

Wie ein schlafender Gott ruhte der unermessliche Ozean des Lichts.

Jedem seiner Atemzüge entsprang eine neue, erträumte Welt, indem er sich im Werden vergaß und durch Gnade wiederfand.

Waren Sekunden oder Stunden vergangen? Es war jedenfalls immer noch Nacht, als der Adept langsam in seinen Körper zurückkehrte. Sein Herz war still, immer noch durchtränkt vom Frieden der Ewigkeit.

Er spürte einen aufkeimenden Widerstand, in die Welt der konkreten Formen zurückzukehren. Langsam schlug er die Augen auf.

Er wunderte sich nicht, als er den Meister neben seinem Bett stehen sah. Alles war richtig.

Die tiefe Stimme des Alten roch nach dem stillen, dunklen Ozean, den er gerade erfahren hatte:

„Und, hast du eine Frage?"

„Ja. Wenn das ganze Spiel nur ein Traum ist, warum muss ich es dann spielen?"

„Warum nicht?"

„Mehr kannst du mir nicht dazu sagen?"

„Es ist nicht wirklich zu erklären.
Gib dich hin.
Werde zum Spiel.
Dann bist DU die Antwort.“

Auzug aus „No Prblem. Wie du alle deine Probleme löst“ Veit Lindau

Rise UP zum Anfassen

Wir hoffen, der Inhalt dieses Buches hat dich inspiriert und bewegt. Wenn du das Buch gern real in der Hand halten möchtest, kannst du es dir gern in unserem Shop „in echt“ bestellen. Es kommt im handlichen Taschenbuchformat, hat 200 Seiten und kostet lediglich 8 Euro.

Zum Shop geht es hier:

https://shop.lifetrust.info/

Bücher im Überblick

Hier findest du alle Bücher, aus denen ich zitiert habe, im Überblick.

SeelenGevögelt

Manifest für das Leben

Dieses Buch ist eine hemmungslose Liebeserklärung an das Leben und ein Weckruf an den Rebellen, der in jedem Menschen schlummert.

Erhältlich als Sonderausgabe (mit Hörbuch), Taschenbuch, E-Book und Hörbuch.

Direkt zum Buch:

https://amzn.to/2OzUyld

No Prblem

Wie Du Dein Problem löst

Der offensichtliche Zweck dieses Buches ist es, dich zu inspirieren, dein Problem zu durchschauen und aufzulösen. Das wahre Anliegen ist es, den Träumer wachzurufen. Dein Problem ist ein Aspekt in deinem Traum, der nicht so funktioniert, wie du es willst. Das können eine Krankheit, dein Bankkonto, ein anderer Mensch oder du selbst sein. Das Problem entzieht sich deiner Kontrolle. Deshalb bindet es die sonst eher gleitende Aufmerksamkeit des Träumers. Die intensive Beschäftigung mit dem Problem lässt dich noch tiefer einschlafen oder erwachen. Ein Problem ist gut. Es lässt dich leiden. Es fängt das Licht deines Bewusstseins in einem Punkt. Es zeigt dir die Grenzen deiner Realität schmerzhaft auf. Es weckt deinen Hunger nach Erkennen. Es stellt dir das Feuer starker Fragen in den Weg. Wenn du dich ihnen stellst, befreien sie dich. Ohne ein echtes Problem würde der Träumer für immer weiterschlafen. (Falls du dich fragst, ob dies nicht besser wäre: Das fragst du dich zu spät. Wenn du dieses Buch liest, kannst du nicht mehr ins unbewusste Nichtwissen zurück.

Taschenbuch

Zum Buch:

https://amzn.to/2vNB5qe

Heirate dich selbst

Das Wunder der radikale Selbstliebe

Mach Frieden mit dir. Nimm dich an. Begrüße deinen Schatten. Umarme deine Schwächen. Heile deine Wunden. Befreie deinen Geist. Lass los, was dir schadet. Wähle, was dich stärkt.
Dieses JA! zu dir ist ein revolutionärer Akt. Sei Dir treu. Lerne dich in allen Facetten anzunehmen, deine Bedürfnisse zu achten und deine wahre Größe zu bejahen. Heirate dich selbst und du bist frei!

Dieses Buch handelt von Selbstliebe und davon, wie du dich selbst von ganzem Herzen, beständig, aufrichtig, treu und kompromisslos lieben lernen kannst. Es zeigt auf, wie deine Selbstliebe die wesentlichen Bereiche deines Lebens – Berufung, Beruf, Beziehungen, Finanzen – positiv und von innen heraus verwandelt.

Inklusive 1 Übungs-CD mit geführten Meditationen, Spieldauer 1 Std. 15 min.

Zum Buch:

https://amzn.to/2OynTME

Werde verrückt

Wie du bekommst, was du wirklich-wirklich willst

Mittlerweile für viele Leser*innen die Bibel für die Manifestation ganzheitlichen Erfolgs. Für Bestsellerautor Veit Lindau ist wahrer Erfolg die Erfüllung des ganz individuellen Lebenswunsches. Man findet ihn, indem man ausgetretene Pfade verlässt und regelrecht „ver-rückt" wird – nur so erkennt man, was man wirklich-wirklich will, kann authentisch zu seinen Idealen stehen und hat die Kraft und Ausdauer, seinen Wunsch auch in die Tat umzusetzen. Neben persönlichen Erfahrungen und Fallgeschichten anderer Erfolgsmenschen präsentiert Veit in bewährter Manier praktische Übungen, sechs Meditationen als Download und ein motivierendes Toolkit, das am Ende zu wahrem Erfolg verhilft.

Buch, Taschenbuch, E-Book, Hörbuch.

Zum Buch:

https://amzn.to/2nGYW6D

Omega

Im inneren Reichtum ankommen

Das Füllebewusstseins-Training für ein wahrhaft glückliches Leben.

Mangel ist nicht real. Mangel ist ein Irrtum im Geist. Und es ist Zeit, diesen Irrtum zu korrigieren und Reichtum – im Innen wie im Außen – zu erfahren und großzügig mit der Welt zu teilen! Ruediger Dahlke und Veit Lindau, zwei der bekanntesten spirituellen Lehrer, schreiben über ein unendlich wichtiges und hoch aktuelles Thema: das Mangelbewusstsein, das unser Leben beschwert, das uns unglücklich und tatsächlich innerlich und äußerlich arm und bedürftig macht, ja das sogar die negative Kraft hat, unsere Beziehungen zu zerstören und uns körperlich krank werden zu lassen. Und sie zeigen den Weg ins Füllebewusstsein, einen umwälzenden Prozess, der in unseren Herzen beginnt und die Macht hat, unser Leben tiefgreifend zu verwandeln und zu einem Ort der Liebe und Großzügigkeit zu machen.

Das ist OMEGA: Eine Revolution in unserem Denken und Fühlen, in unserem Bewusstsein und unserem Handeln.

EXTRA: Mit 12 geführten Audio-Meditationen zum Downloaden.

Buch, E-Book, Hörbuch.

Zum Buch:

https://amzn.to/2PcWPDN

Liebe Radikal

Wie du deine Beziehungen zum Erblühen bringst

Die Neuentdeckung der Liebe. Veit Lindau „entmystifziert" die Liebe: Wenn wir frei und erfüllt in Beziehungen leben wollen, müssen wir uns von Luftschlössern und Traumprinzen verabschieden. Denn viel zu oft hängen wir Wunschvorstellungen nach, wie unsere Partnerschaft idealerweise sein sollte, anstatt uns existenziell auf den anderen einzulassen. Begriffe wie Dominanz, Eifersucht, Freiheit, Treue, Achtsamkeit und Respekt werden in ein neues Licht gerückt. Veit Lindau lädt anschaulich – anhand persönlicher Erfahrungsgeschichten – und praktisch – mit vielen wirksamen Übungen – auf den Pfad der radikalen Liebe ein.

Buch, Hörbuch, E-Book:

https://amzn.to/2vGNCM7

Fucked Up

Wie du aus Sch… Kompost machst

Das Buch enthält Zusatzmaterial zum Download: Ein Online-Workshop zur Krisenbewältigung und 6 geführte Meditationen.

Unsere Leistungsgesellschaft konditioniert uns darauf, zu leisten, immer Bescheid zu wissen, gut drauf zu sein… Wir vermeiden krampfhaft Niederlagen und die damit verbundene Erfahrung der Ohnmacht. Dieses Buch ist ein liebevoller und kerniger Mutmacher für alle, die gerade down sind. Es handelt von der Kunst zu scheitern. Die Schätze unseres Lebens erwarten uns nicht nur auf dem Gipfel, sondern häufig auch im Tal. Im Scheitern liegt eine kostbare Chance, uns selbst auf einer wesentlich tieferen Ebene kennenzulernen, zu heilen und nach Hause zu bringen. Die besten Lektionen kommen nie, wie wir sie uns wünschen. Das Leben pflanzt seinen wertvollsten Samen gern in den schmutzigsten Dreck. Diamanten entstehen unter hohem Druck. Die Verzweiflung der Raupe ist die Vorfreude des Schmetterlings. Keine Dunkelheit ohne Licht. Und der größte Sch… haufen taugt immer als fruchtbaren Kompost für deinen Neuanfang.

Buch, E-Book, Hörbuch:

https://amzn.to/2OHUfF9

Königin und Samurai

Wenn Frau und Mann erwachen

Dieses Buch ist ein Plädoyer für ein neues Level in der Kunst des Liebens. Veit und Andrea Lindau hinterfragen den Mythos der Liebe und zeigen Wege, wie beide Geschlechter aufwachen und in die Kraft kommen können. Es ist möglich, als starke Frau eine Ur-Weiblichkeit zu leben, ohne sich unterzuordnen. Eine Königin führt, anstatt zu manipulieren. Wenn der Mann seine ureigene Mission entdeckt und ihr integer wie ein Samurai folgt, entwickelt er ein neues Standing für sich selbst und der Frau gegenüber.
Indem beide zu einem neuen Selbstverständnis finden, können sie sich – wie Königin und Samurai – auf Augenhöhe begegnen. Sie erkennen sich als Mann und Frau und beginnen einander in ihrer Entwicklung zu dienen.

Buch, Sonderedition, E-Book, Hörbuch:

https://amzn.to/2BbpCGc

Bleib in Kontakt

Abonniere den Newsletter: **www.veitlindau.com**

Podcast auf iTunes: **https://apple.co/2B3hurb**

Podcast auf Spotify: **https://spoti.fi/2MQ2ZYY**

Youtube: **https://www.youtube.com/user/veitlindau**

Instagram: **https://www.instagram.com/veitlindau_real/**

Facebook: **https://www.facebook.com/veitlindau**

Fußnoten im Buch

1 *In Anlehnung an: Ein Kurs in Wundern, Freiburg i. Br. 2010, Kapitel 15. III.*

2 *Hinweis: Dieser Abschnitt über Angst bezieht sich auf normalneurotische Menschen. Bei Verdacht auf eine echte Angststörung empfehle ich auf jeden Fall, therapeutische Hilfe in Anspruch zu nehmen. Dann gelten meine Ratschläge nicht!*

3 *Chuzpe, von hebräisch [chuzpà] für „Frechheit, Anmaßung, Dreistigkeit, Unverschämtheit", ist eine Mischung aus zielgerichteter, intelligenter Unverschämtheit, charmanter Penetranz und unwiderstehlicher Dreistigkeit.*

Jetzt ist deine Zeit

In einem 13,5 Milliarden Jahre alten Kosmos erscheinst du plötzlich für ein Augenzwinkern auf der Bühne. Kannst atmen, fühlen, lieben, denken. Die Wahrscheinlichkeit, dass du überhaupt lebst und diese Zeilen liest, ist so aberwinzig gering. Es ist kein Sechser im Lotto. Es ist mindestens ein Hunderter.
Wie willst du diese kostbare Spanne Leben verbringen?
Ängstlich, sicher, angepasst, wartend?
Wenn du mich fragst, ist dies zur Norm erhobener Wahnsinn.
Und ich verstehe den Sinn.

Denn die, die sich nicht zufriedengeben,
die nach den Sternen greifen,
nach der Freiheit streben,
sich immer tiefer in die Liebe verlieben,
die, die sich nicht erzählen lassen, dass irgendetwas unmöglich wäre,
sie werden öfter fallen,
sich blamieren,
intensiver den Schmerz der Ent-Täuschung spüren, wenn die Flügel ihrer Visionen wieder einmal brechen,
sie werden ausgelacht, kritisiert und ausgeschlossen werden.

Sie werden die dunkle Nacht der Seele kennenlernen und den Unterschied zwischen falscher, antrainierter Bescheidenheit und echter Demut (wenn dich deine Lehrmeister auf die Knie zwingen).
Sie werden lernen müssen, mit ihrer Sehnsucht sinnvoll zu kooperieren, um nicht in ihrer Hitze zu verbrennen.
Sie werden unbequeme Zeitgenossen für die sein, die es sich auf der Couch des Bekannten gemütlich eingerichtet haben.

Kurz - ja, es wird weh tun, wenn du alles willst.
Aber kann es darum gehen, das zu vermeiden?
Willst du das?

Das ist so, als wenn du am Strand stehst und dich jemand warnt, nie ins Meer zu gehen. Denn die Wellen werden dich nicht nur empor spülen. Sie werden dich auch unter Wasser reißen. Also sitzt du lieber im warmen Sand und schaust den Surfern zu, die sich blutige Knie holen? Um am Ende sagen zu können:

„Ich bin sicher durchgekommen, aber ich weiß nicht, wie es schmeckt, wenn mir eine salzige Welle im roten Licht des Sonnenuntergangs für einen Augenblick den Atem raubt."

Es ist dein Leben.
Es ist deine Wahl.
Immer wieder jetzt.

Ich freue mich auf dich.
veitlindau.com